CATALOGUE

DE LA

BIBLIOTHÈQUE

DE

Feu M. E. MILLER

Membre de l'Institut
Professeur à l'École des Langues Orientales vivantes.

Dont la vente aura lieu

DU MERCREDI 23 MARS AU SAMEDI 26 MARS 1887

28, Rue des Bons-Enfants

SALLE N° 1

A 8 heures très précises du soir

Me Maurice DELESTRE Commissaire-priseur **27, Rue Drouot, 27**	**M. Ernest LEROUX** Libraire-expert **28, Rue Bonaparte, 28**

PARIS

ERNEST LEROUX, ÉDITEUR

Libraire de la Société asiatique,
de l'École des Langues orientales vivantes, etc.

28, RUE BONAPARTE, **28**

1887

A.-G. LEUCIAS

Aphorismes sur la peste orientale, écrits dans le dialecte
ionien. In-8 .... 3 50

E. MILLER
de l'Institut.

Chronique de Chypre, texte grec publié, traduit et annoté
par E. Miller, de l'Institut et C. Sathas. 2 volumes in-8,
avec une carte ancienne reproduite en chromolithographie
d'après les manuscrits de Venise. Chaque volume........ 20   »

Fragments inédits de littérature grecque (Extraits
inédits des Ποικίλη ἱστορία, histoires variées d'Elien). In-8.   3   »

Inscriptions grecques, découvertes en Égypte. 2 fascicules.   2   »

B. NICOLAIDY

Σειρὰ πλήρης τ'ἑλληνικῆς Γραμματικῆς. Grammaire française en grec
moderne. 1 beau volume gr. in-8 de 560 pages....... 10   »

J. PSICHARI

Essais de Grammaire néo-hellénique. Ire partie, l'article féminin pluriel au moyen âge et de nos jours, et la
première déclinaison moderne. In-8 de xxiv et 300 pages.   7   50

S. REINACH

Traité d'épigraphie grecque, précédé d'un essai sur les
inscriptions grecques, par C.-T. Newton, conservateur du
Musée Britannique. 1 fort volume in-8................   20   »

Chronique d'Orient. Chroniques archéologiques, publiées
dans la *Revue Archéologique*, 1884-1887, 8 fascicules
in-8 illustrés...   13   »

PUBLICATIONS DE L'ASSOCIATION
POUR L'ENCOURAGEMENT DES ÉTUDES GRECQUES
EN FRANCE

Annuaire de 1886............   6 fr.

ANGERS, IMP. BURDIN ET Cⁱᵉ, RUE GARNIER, 4

ORDRE DES VACATIONS

Mercredi, 23 mars		1 à 299
Jeudi, 24 mars		300 à 584
Vendredi, 25 mars		585 à 899
Samedi, 26 mars		900 à 1126
	Et Nᵒˢ	1 à 89

du Catalogue d'une collection d'ouvrages historiques qui seront vendus à la fin de cette vacation.

CONDITIONS DE LA VENTE

La vente se fait au comptant.

Les acquéreurs paieront cinq centimes par franc en sus des enchères, applicables aux frais.

Les réclamations devront être faites dans les vingt-quatre heures de l'adjudication.

EN DISTRIBUTION

A la Librairie Ernest Leroux

CATALOGUE DE LA BIBLIOTHÈQUE

de feu M. RICHARD BOUCHER

Contenant notamment 250 Manuscrits arabes et persans et une belle collection de livres orientaux.

CATALOGUE

DE LA

BIBLIOTHÈQUE

DE FEU

M. E. MILLER

Membre de l'Institut

Professeur à l'École des Langues Orientales vivantes

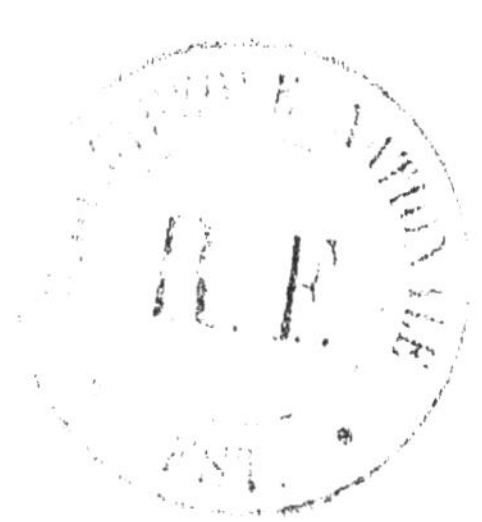

PARIS

ERNEST LEROUX, ÉDITEUR

Libraire de la Société asiatique,
de l'École des Langues orientales vivantes, etc.

28, RUE BONAPARTE, 28

—

1887

Les nombreux amis de M. Miller aimeront à retrouver
en tête de ce catalogue la notice qui lui a été consacrée
dans les *Nouveaux mélanges Orientaux* par M. Ch.
Schefer, membre de l'Institut, directeur de l'Ecole des
Langues Orientales vivantes.

M. Bénigne-Emmanuel-Clément Miller est décédé à Cannes,
le 7 janvier de cette année; il était né à Paris, le 12 avril 1812.
Attaché en 1833 au département des manuscrits de la Bibliothèque royale, il débutait dans la carrière de l'érudition
par un mémoire sur l'histoire de l'établissement des Van-
dales en Afrique, mémoire auquel un prix fut décerné, en
1836, par l'Académie des inscriptions et belles-lettres. Trois
ans plus tard, M. Miller faisait paraître le *Périple de Marcien
d'Héraclée*, *l'Épitome d'Artémidore, Isidore de Charax ou
Supplément aux dernières éditions des petits géographes
grecs, d'après un manuscrit grec de la Bibliothèque royale.*
En 1840, il publiait l'*Eloge de la chevelure, discours inédit
d'un auteur anonyme en réfutation du discours de Synésius intitulé : Eloge de la calvitie.*
En 1836, M. Miller avait reçu la mission de visiter les
bibliothèques de l'Italie pour y rechercher les monuments littéraires de la Grèce du moyen âge. En 1843, il explora la
bibliothèque de l'Escurial : il rédigea le catalogue des manuscrits grecs qui y sont conservés, et ce travail fut livré au monde
savant en 1848. L'année suivante, M. Miller faisait imprimer
les *Fragments de Nicolas de Damas relatifs à la mort de
César*, qu'il avait découverts, au cours de sa dernière mission,
dans un manuscrit grec du xvi° siècle.
Au mois de janvier 1850, il fut appelé à remplir la place
de bibliothécaire de l'Assemblée législative laissée vacante par
la mort de M. Beuchot. Ces nouvelles fonctions ne ralentirent
point son ardeur scientifique. En 1851, il mettait au jour un
document de la plus haute valeur pour l'histoire du christianisme, les *Philosophumena*, qu'il avait retrouvés parmi les
manuscrits rapportés du mont Athos par Minoïde Minas, et
dont il attribuait la rédaction à Origène. En 1855 et 1857, il
publiait, d'après les manuscrits des bibliothèques de l'Escur-
rial, de Florence, de Paris et du Vatican, les deux volumes

des *Manuelis Philae carmina*. Elu membre de l'Académie des inscriptions et belles lettres en 1860, M. Miller fut chargé, en 1863, d'aller explorer les bibliothèques du mont Athos et celles de Constantinople. Ses recherches n'eurent point les résultats qu'il se promettait ; mais les fouilles qu'il entreprit dans l'île de Thasos, où le hasard l'avait poussé, mirent au jour les magnifiques bas-reliefs et les intéressantes inscriptions conservés aujourd'hui au musée du Louvre. En 1868, M. Miller faisait paraître les *Mélanges de littérature grecque contenant un grand nombre de textes inédits*. Il fut appelé, en 1875, à remplacer M. Brunet de Presle dans la chaire de grec moderne à l'Ecole des langues orientales vivantes. Il a donné, en 1882, à la collection des ouvrages publiés par les soins des professeurs, en collaboration avec M. C. Sathas, le texte grec et la traduction française de la *Chronique de Chypre de Léonce Machéras*.

Le monde savant doit à l'infatigable activité de M. Miller, outre les ouvrages qui viennent d'être mentionnés, un grand nombre de mémoires et de dissertations d'épigraphie et d'archéologie. Nous en donnons ici la liste par ordre chronologique :

Lettre à M. Letronne sur un article du Journal des savants, 1839.

Notice sur un manuscrit grec contenant une rédaction inédite des Fables d'Ésope, 1841.

Lettres inédites de Malherbe, 1841.

Le tumulus de Lachdar, province d'Oran, 1844.

Poème allégorique de Méliténiote, publié d'après un manuscrit grec de la Bibliothèque impériale, 1857.

De quelques marbres antiques envoyés d'Italie au connétable de Montmorency pendant l'année 1555.

Bulle byzantine inédite du Musée du Louvre, 1861. (Extrait de la *Revue numismatique*.)

Nouvelles observations sur l'inscription gréco-latine trouvée à Fréjus, 1861. (Extrait de la *Revue archéologique*.)

Explication du nom d'artiste Λάσιμος, 1861.

Sur un oxybaphon du Musée Campana, 1862. (Extr. de la *Revue archéologique*.)

Notice sur le manuscrit grec n° 2322 de la Bibliothèque impériale contenant le recueil des Ἱππιατρικά, 1864. (*Notices et extraits des manuscrits*.)

Inscriptions grecques inédites découvertes dans l'île de Thasos, 1865.

Bas-reliefs archaïques découverts dans l'île de Thasos, 1865.

Sur une inscription grecque en vers découverte à Salonique, 1865. (Extr. de la *Revue archéologique*.)

Inscription grecque nouvellement découverte aux environs d'Athènes, 1865. (Extr. de la *Revue archéologique*.)

De quelques découvertes littéraires faites dans les bibliothèques de l'Orient, 1865.

Mission scientifique de E. Miller, de l'Institut, en Orient (1er et 2e rapports), 1865. (Extr. des *Nouvelles annales des voyages*, t. IV.)

Lettres de M. Adert sur les bas-reliefs de Thasos, avec les observations de M. Miller, 1866. (Extr. de la *Revue archéologique*.)

Souvenirs du mont Athos, 1866. (Extr. du t. LXVII du *Correspondant*.)

Préface d'un écrivain byzantin, 1866. (Ext. du t. LXVII du *Correspondant*.)

Inscriptions grecques inédites découvertes dans l'île de Thasos, 1866.

Fragment inédit de Nicétas Choniate relatif à un fait numismatique, 1866.

Ambassades de Michel Psellus auprès de l'usurpateur Isaac Comnène, 1867.

Bulles byzantines de la collection de M. le baron B. de Koehne et de diverses autres provenances, 1867. (Extr. de la *Revue de numismatique*.)

Examen du livre de M. Wescher intitulé : Poliorcétique des Grecs, 1868. (Extr. du *Journal des savants*.)

Mélanges de littérature grecque, contenant un grand nombre de textes inédits, 1868.

Fragment inédit d'Appien (Περὶ Ἀράβων μαντείας), 1869. (Extr. de la *Revue archéologique*.)

Réponse à l'appel de M. Boissée, 1869.

Pierre Taisaud : lettres inédites de Bossuet et de Mlle de Scudéry, 1869. (Extr. du *Correspondant*.)

A propos du fragment d'Aristodème, 1869.

Observations sur un manuscrit d'Eschyle, 1869.

Sur une inscription grecque découverte à Cheikh Abad, l'ancienne Antinoé, 1870. (Extr. de la *Revue archéologique*.)

Inscription grecque trouvée à Memphis, 1870.

Inscriptions grecques et latines découvertes à Alexandrie, 1870-1871. (En collaboration avec M. Léon Rénier.)

Lettres à M. Waddington sur une inscription byzantine trouvée dans la Petite Arménie, 1872. (Extr. de la *Revue archéologique*.)

Poèmes astronomiques de Théodore Prodrome et de Jean Camatère, d'après les manuscrits de la Bibliothèque nationale, 1872.

Discours prononcé à la séance publique annuelle de l'Académie des inscriptions et belles-lettres, le 20 décembre 1872.

Sur une inscription grecque conservée au musée archéologique d'Athènes, 1872.

Mémoire sur une inscription agonistique de Larisse, 1873. (Extr. des *Mémoires de l'Académie des inscriptions et belles-lettres*.)

Poèmes historiques de Théodore Prodrome, 1873.

Préface d'un auteur byzantin (Nieéphore Basilicas), 1873. (Extr. de l'*Annuaire de l'Association pour les études grecques*.)

Inscription grecque trouvée à Enos, 1873.

Fragments inédits de Théodore le Lecteur, 1873.

Sur deux inscriptions grecques découvertes dans l'île de Thasos, 1873.

Etude sur Denys de Byzance, analyse de l'ouvrage publié par M. Wescher, 1874. (Ext. du *Journal des savants*.)

Un poète de la cour des Comnènes (Théodore Prodrome), 1874.

Inscriptions grecques trouvées dans l'île de Thasos, 1847.

Poèmes vulgaires de Théodore Prodrome, 1874. (Publié en collaboration avec M. E. Legrand.)

Sur une inscription grecque découverte dans le Maroc, 1874.

Inscriptions grecques de Larisse, 1874.

Extraits de l'Onomasticon de J. Pollux, 1874.

Inscriptions grecques découvertes en Egypte, 1874.

L'Alexiade d'Anne Comnène, dans les Historiens grecs relatifs aux croisades. Le second volume, renfermant les notes, est entièrement dû à M. Miller, 1875.

Inscriptions grecques découvertes en Egypte, 3ᵉ fascicule, 1875.

Inscriptions céramiques du Musée d'Alexandrie, 1875.

Observations sur une inscription grecque, lettre à M. Georges Perrot, 1875.

Mélanges de philologie et d'épigraphie, 1ʳᵉ partie, 1876. (Extr. de la *Revue archéologique*.)

Rapport sur les travaux des Ecoles d'Athènes et de Rome en 1878-1879.

Discours d'ouverture du cours de grec moderne. — M. Brunet de Presle. — Le grec moderne et ses progrès. (Revue politique et littéraire.) 1876.

Sur un cure-oreille d'or byzantin portant une inscription grecque, 1879.

Inscriptions grecques découvertes à Thasos, 1879.

Glossaire grec-latin de la Bibliothèque de Laon, 1880. (*Notices et extraits des manuscrits*.)

Fragments inédits de littérature grecque (Ποικίλη ἱστορία *d'Elien*) 1883. (Extr. des *Mélanges orientaux*.)

Inscriptions grecques découvertes en Egypte, 1883.

Bibliothèque royale de Madrid. Catalogue des manuscrits grecs (Supplément au catalogue d'Iriarte), 1885. (Extr. du t. XXXI des *Notices et extraits des manuscrits*.)

CATALOGUE

DE LA

BIBLIOTHÈQUE DE FEU M. E. MILLER

MEMBRE DE L'INSTITUT

RELIGION

ANCIEN ET NOUVEAU TESTAMENT. — THÉOLOGIE

1. Vetus Testamentum græcum cura J.-N. Jager. *Paris*, Didot, 1839, 2 vol. in-8, br.

2. WERNSDORFF (Gottlieb). Autoritas utriusque libri Maccabeorum canonico-historica adserta. *Viennæ*, 1749. — De Fide historica librorum Maccab. *Vratislav.*, 1747, en 1 vol. in-4, veau.

3. NŒLDEKE. Histoire littéraire de l'Ancien Testament, traduit de l'allemand par H. Derenbourg et J. Soury. *Paris*, 1873, in-8, br.

4. Recensus locorum quibus editio codicis Vaticani romana ab A. Majo præparata et Hamburgensis, 1847-1848, inter sese differunt. *Hamburgi*, 1860, in-12, br.

5. ERASMUS ROTERODAMUS In Evangelium Lucæ paraphrasis. *Basileæ*, 1523, in-12, vél.

6. Ιστορία του πάθους και αναστάσεως Ιησου Χριστοῦ. *Witebergæ*, excudebat Johannes Lufft, pet. in-4 de 8 feuillets, cart.

    Petit poème grec sur la passion et la résurrection de Jésus-Christ.

7. Histoire de la vie et passion de Nostre Sauveur Jésus-Christ, avec les figures. A *Paris*, chez Nicolas Belley, 1693, in-fol., veau.

    Volume entièrement gravé.

8. La Mort de Théandre, ou la sanglante Tragédie de la mort et la passion de Notre-Seigneur Jésus-Christ, par le sieur Chevillard. *Rouen*, s. d., in-18, br.

9. Psalterium romanum. *Methymnæ Campi*, 1561, in-12, goth., veau.

10. Reverendissimi cardinalis Sancti Sixti Expositio brevis et utilis super toto Psalterio. *Rome, impressa anno* 1476, in-4, reliure en bois.

11. Beatissimi Gregorii pape totius Ecclesie luminis preclarissimi in septem psalmos penitentiales Explanatio admodum utilis. *Impressum Antverpie, anno Domini* 1509, in-12, goth., dérelié.

12. Expositiones antiquæ ac valde utiles ex diversis Sanctorum Patrum Commentariis ab Œcumenio et Aretha collectæ in hosce Novi Testamenti tractatus, græce. *Veronæ*, 1532, in-fol., veau.

Déchirure au titre.

13. BREITINGER (J.-J.). De antiquissimo Turicensis Bibliothecæ græco psalmorum libro in membrana purpurea titulis aureis ac litteris argenteis exarato. *Turici*, 1748. — Heidegger, Vita J.-L. Fabricii. — Vita J.-H. Heideggeri. — Wolf. Historia J.-H. Sviceri. 4 ouvr. en 1 vol. in-4, veau.

14. Apocalypses apocryphæ, edid. C. Tischendorf. *Lipsiæ*, 1866, in-8, br.

15. Acta Apostolorum apocrypha, græce, edid. C. Tischendorf. *Lipsiæ*, 1851, in-8, d. r.

16. Théologie, par l'abbé Bergier. *Paris*, 1788-1790, 3 vol. in-4, veau (de l'Encyclopédie).

17. Sancti Augustini de Civitate Dei. *Paris*, Gaume, 1838, 2 vol. gr. in-8, br.

18 Religiosissimi viri fratris Petri de Bergamo, ordinis Predicatorum, super omnia opera divini doctoris Thomæ Aquinatis. (A la fin) : *Anno Domini*, 1473, *die undecimo martis, ex officina Baldaseris Azoguidi, civis Bononiensis, Bononiæ*, in-folio, vélin.

Très bel exemplaire.

19. Kornmanni (H.), de Miraculis mortuorum opus novum. *Typis J. Wolfii*, 1610, pet. in-8, vél.

20. LETELLIER. Le mot Dieu. Etude philologique sur la pensée, la raison et la vérité relative. *Paris*, 1880, in-8, br.

21. Regule cum suis ampliationibus et fallentiis quingente numero ultra eas q. subtilis Barthol. Socini nomine impresse leguntur. Varias utriusque censure materias enodantes. Nuperrime per Joannem Bernard. Diaz de Luco in lucem

edite. *Impressum Burgis*, 1528, in fol., goth., titre rouge et noir, gravure sur bois, br.

22. Quatuor novissima Dyonisii Carthusiensis. *Impressum Delft, anno Domini 1487*, in 8, veau rac.

    Sur la Mort, le Jugement dernier, les Supplices de l'enfer et les Joies des bienheureux.

23. Marcelli Ancyrani disquisitiones : de Residentia canonicorum ; — de Tactibus impudicis. *Parisiis*, 1695, in-8. cart.

24. Praxis Fori pœnitentialis ad directionem Confessarii in usu sacri sui muneris, auct. P. Valerio Reginaldo. *Lugduni*, 1616, 2 vol. in fol., vél.

25. Missale ad usum insignis Ecclesiæ Eboracensis. *London*, 1874, 2 vol. in-8, perc.

    Publication of the Surtees Society.

HISTOIRE ECCLESIASTIQUE. — CHRISTIANISME
A ROME. — EGLISE GRECQUE

26. Le Blant. Les Actes des Martyrs. Supplément aux *Acta sincera* de dom Ruinart. *Paris*, 1882, in-4, br.

27. Doulcet (H.). Essai sur les rapports de l'Eglise chrétienne avec l'Etat romain, pendant les trois premiers siècles. *Paris*, 1882, in-8, br., planches.

28. Aubé. Les Chrétiens dans l'empire romain, de la fin des Antonins au milieu du IIIe siècle. *Paris*, 1881, in-8, br.

29. Wordsworth (C.). St. Hippolytus and the church of Rome in the earlier part of the third century. *London*, 1853, in-8, perc.

30. Aubé. Polyeucte dans l'histoire. *Paris*, 1882, in-8, br.

31. Elogium sancti martyris Pantaleonis, graecis iambicis, et latine, ed. F. Morellus. *Lutetiæ*, 1605, pet. in-8, cart.

32. Rochas (Alb. de). La Science des philosophes et l'Art des thaumaturges dans l'antiquité. *Paris*, 1882, in-8, fig., br.

33. Germon (B.). De veteribus hæreticis ecclesiasticorum Codicum corruptoribus. *Paris*, 1713, in-8, cart.

34. Tractatus contra hereticam pravitatem, et etiam Tractatus de irregularitate editi : per Gundissalvum de Villa Diego sacri palatii apostolici auditorem. Noviter impressi. *Impressi Sulmantice*, 1519, in-fol, br.

    Gothique, gravure sur bois au titre.

35. Collectanea monumentorum veterum Ecclesiæ græcæ ac latinæ, quæ hactenus in Vaticana Bibliotheca delituerunt.

Laur.-Alex. Zacagnius græca latina fecit, notis illustr. Tomus primus. *Romæ*, 1698, in-4, veau.

36. BAYET (C.). De Titulis Atticæ christianis antiquissimis. *Paris*, 1878, in-8, br., pl.

37. Studium cœnobium Constantinopolitanum ex monum. Byzantinis erutum, recens. J. Muller et V. Beumelburg. *Lipsiæ*, 1721, in-4, br.

38. ALLATIUS (Leo). Græciæ Orthodoxiæ tomi duo, græce et latine. *Romæ*, 1652-1659, 2 vol. in-4, vél.

38 *bis*. Orthodoxa veteris Græciæ officia. Officium quadragesimale recognitum et castigatum, græce et latine, cura D. Angeli Mariæ Quirini. Tomus 1. *Romæ*, 1721, in-4, br.

39. Hymnographie de l'Église grecque, par le cardinal Pitra. *Rome*, 1867, in-4, br.

40. Diatribæ ad priorem partem veteris officii quadragesimalis Græciæ Orthodoxæ, auct. D.-Ang. Maria Quirino. *Romæ*, 1721, in-4, dérel.

41. Οκτωηχος. Livre de prières pour les dimanches et les huit grandes fêtes, en grec. *Venise*, 1635, in-12, fig., vél.

42. Doctrina christiana græco vulgari idiomate alias tractata, nunc vero latinis literis mandata, per L.-V. Atheniensem. *Lut. Par.*, 1633, in-8, cart.

43. Chrestomathia Patristica (Patres græci et latini), ad usum eorum qui historiam dogmatum christian. discere cupiunt. A C.-G. Augusti. *Lipsiæ*, 1812, 2 part. en 1 vol. in-8, d.-r.

44. Ταμειον της Πατρολογιης. Index de la Patrologie grecque de Migne. *Athènes*, 1883, in 4, br.

45. TONDINI (Le P.). L'Avenir de l'Eglise russe. In-8, br. — The pope of Rome and the popes of the oriental orthodox church. *London*, 1871, in 8, perc. Ens. 2 vol.

ORDRES RELIGIEUX

46. CHARMA. Saint Anselme, notice biographique, littéraire et philosophique. *Paris*, 1853, in-8, br.

47. Hymni in honorem Beatæ Genovefæ virginis, Parisiensium patronæ, aut. L. Rouget. *Paris*, 1728. — Ejusdem Genovefa, epicum carmen libri I-XIII, et autres pièces, in-8, br.

48. La Vie de sainte Ombeline, sœur du glorieux saint Bernard, première fondatrice des religieuses de Citeaux. Manuscrit du XVII\u1d49 siècle, pet. in-8, br.

49. Arbor scientiæ venerabilis et cœlitus illuminati Patris Raymundi Lullii Maiovicensis. *S. l.*, 1515, in-4, vél.

50. Gallia Christiana. Tomus XVI. ubi de provincia Viennensi agitur, condidit B. Hauréau. *Paris*, Didot, 1865, en 3 liv. in-fol., br.

50 *bis*. Le même, liv. 1 et 3.

51. Analecta Sacra Spicilegio Solesmensi parata, edidit J.-B. Pitra. *Paris*, 1876-1883, 4 vol. gr. in-8, br.

52. TOUGARD. De l'histoire profane dans les Actes grecs des Bollandistes. *Paris*, 1874, in-8, br. — Quid ad profanos mores dignoscendos augendaque lexica conferant Acta Sanctorum graeca Bollandiana. 1874, in-8, br.

53. De libertate et Immunitate monasterii S. Amandi in Pabula Tornacensis diœcesis histor. et succincta elucidatio. *Duaci*, 1682, et autres pièces relatives à l'abbaye de Saint-Amand, en un vol, in-4, dérelié.

54. Ordres religieux. 6 pièces.

Bref portant prorogation de temps pour la réformation des monastères des ordres de Saint-Benoist et de Cîteaux. 1634. — Lettre patente du Roy. 1622. — Constitutions pour l'ordre de Saint-Augustin. — Articles pour l'ordre de Cîteaux et l'ordre de Cluny. — Benedicite, idée d'un plan général tendant à réformer les abus que le relâchement a introduits dans la Congrégation de Saint-Maur. 1754.

55. ARTAUD. Histoire du pape Pie VII. *Paris*. 1839, 2 vol. in-12.

DROIT

ECONOMIE POLITIQUE

56. MORILLOT (A.). De l'Éloquence judiciaire à Athènes. — De l'Éloquence judiciaire en France au xvie siècle. — Thémis et les divinités de la justice en Grèce. 3 broch. in-8.

57. CAILLEMER (E.). Le Droit de succession légitime à Athènes. *Paris*, 1879, in-8, br.

58. DARESTE (R.). 5 mémoires.

Le procès d'Hermias. — Textes inédits de droit romain. — Inscriptions hypothécaires en Grèce. — Testament d'Epictète.

59. Juris orientalis libri tres, ab Enimundo Bonefidio digesti graece et latine. *Paris*, 1573, pet. in-8, vél.

60. VIOLLET (Paul). Le Droit du xiiie siècle dans les coutumes de Touraine d'Anjou et d'Orléanais. *Paris*, 1881, in-8, br.

61. VIOLLET (Paul). Précis de l'histoire du droit français. *Paris*, 1884-1886, 2 vol. in-8, br.

62. Marat, l'ami du peuple. Plan de législation criminelle, ouvrage dans lequel on traite des délits et des peines, de la

force des preuves et des présomptions, etc. *Paris*, 1690, in-8, br.

63. Pauli Voet. De Duellis licitis et illicitis liber singularis *Ultrajecti*, s. d., in 8, br.

64. Projet de législation sur les duels, par Ricard d'Allauch. 1819. — De l'Abrogation de la peine de mort par Lepelletier. 1793. — Abolition de la peine de mort. An III. — Colonies pour la répression de la mendicité. 5 broch. in-8.

65. Poudra (J.) et Pierre (E.). Traité pratique de droit parlementaire. *Paris*, 1878, in 8, br.

66. Gréard. La Législation de l'instruction primaire en France depuis 1789 jusqu'à nos jours. Recueil des lois, décrets, ordonnances, etc. *Paris*, 1874, 3 forts volumes in-8.

67. Salmasius (C.). De Usuris liber. *Lugd. Bat.*, 1638, in-12, vél.

68. Les Maisons de jeux de hasard. — Nouv. théorie des jeux de hasard ou l'Arithmétique du trente un, par Anger. — Révélations scandaleuses. — Du Produit des jeux. — Le trente-un dévoilé ou la folie du jour. — Adel.., ou le Joueur malheureux au trente-un et ses promenades dans les jeux du palais du Tribunat, etc. 6 pièces imprimées de 1798 à 1827.

69. Wolowski. L'Or et l'Argent. *Paris*, 1870, in-8, br.

70. Dupont-White. La Centralisation. *Paris*, 1860, in-8, br.

SCIENCES ET ARTS

71. Astrologica, hoc est circulus solaris, de judiciis duodecim locorum orbis signiferi, decreta planetarum in singulis locis Zodiaci, medicationes accommodatae ad astrologicam rationem. — A la fin : Ratio orbis solaris. *Norimbergæ*, 1532, in-4, veau.

72. Fracastorii (H.). Homocentrica, ejusdem de causis criticorum dierum per ea quæ in nobis sunt. *Venetiis*, 1538, pet. in-4, fig., veau.

73. Rembertus Dodonaeus. Cosmographica in astronomiam et geographiam isagoge. *Antverpiæ*, 1548, in-18, br., curieuses figures.

74. Calandrelli (G.). et Conti (A.). Opuscoli astronomici, *Roma*, 1813, in-4, cart.

75. Vossius (J.). De lucis natura et proprietate. *Amstelodami*, 1662. De Motu marium et ventorum liber. *Hagæ Com.*, 1663, 2 ouv. en 1 vol. in-4, vél.

76. Newton (Isaac). Optice, sive de reflexionibus, refractionibus, inflexionibus et coloribus lucis libri tres. *Londini*, 1719, in-8, fig., veau.

77. Thomin. Traité d'optique mechanique. *Paris*, 1749, in-8, veau (armes).

78. Œuvres de M. Marat. Notions élémentaires d'optique, *Paris*, 1789, in-8, fig., br.

79. Gemmæ Phrysii, medici ac mathematici, de principiis astronomiæ et cosmographiæ deque usu globi ab eodem editi. *Coloniæ*, 1578, in-8, vél.

   A la suite, est relié un manuscrit, *Commentaria in sphæram mundi sive cosmographiam*, et un fragment de géographie : *De Magellæ descriptione.*

80. Hasfurti (J.), Medici, de cognoscendis et medendis morbis ex corporum cœlestium positione. *Venetiis*, 1584, in-8, fig., veau.

81. Fabri (P.-J.). Chirurgia spagyrica de morbis cutaneis. *Tolosæ*, 1638, in-8, vél.

82. Miracula chymica et mysteria medica, edid. Ph. Muller. *Rothomagi*, 1651, in-12, veau, fig.

83. Piereri (G.-P.). De natta dissertatiuncula medica. *Argentor.*, 1669. Febris maligna puncticularis a P. a Castro. *Patavii*, 1652, 2 ouv. en 1 vol. in-12, veau.

84. Index funereus chirurgorum parisiensium ab anno 1315 ad 1714, opera M. J. D. V. *Trivoltii*, 1714, pet. in 8, br.

85. Civiale (J.). La Lithotritie et la Taille, guide pratique pour le traitement de la pierre. *Paris*, 1870, in-8, fig., br.

86. Comenii (J.-A.). Orbis sensualium Pictus, hoc est omnium fundamentalium in mundo rerum et in vita actionum...opera J.-G. Rhodii. *Hafniæ*, 1672, in-8, fig., vélin.

   Cette curieuse encyclopédie, ornée d'intéressantes figures, est en trois langues : danois, latin, allemand, imprimée sur trois colonnes. Chaque chapitre est suivi d'un vocabulaire.

87. Lagneau (G.). Anthropologie de la France. *Paris*, 1879, in-8, br.

88. Monge (Gaspard). Description de l'art de fabriquer les canons. *Paris*, an II, in-4, br., 60 pl.

89. Dictionnaire de l'Académie des Beaux-Arts. 6 liv. gr. in-8, illustr.

90. Anonymi 'Scriptio de musica. Bacchii Sen. introductio artis musicæ, edid. F. Bellermann : *Berolini*, 1841, in-4, cart.

91. JACQUEMART (A.). et LE BLANT (Edmond). Histoire artististique, industrielle et commerciale de la porcelaine. *Paris,*
1861 1862, 3 vol in-fol., avec 26 eaux fortes, br.

92. YO SAN FI ROK. L'Art d'élever les vers à soie au Japon,
par Ouekaki-Morikouni, traduit par J. Hoffmann. *Paris,*
1848, in-4, br., 50 pl.

93. MENESTRIER (Le P.). La nouvelle Méthode raisonnée du
blason. Nouv. édition. *Lyon,* 1734, in-12, veau, fig.

LINGUISTIQUE

GÉNÉRALITÉS

94. Interpretatio linguarum, seu de ratione convertendi et
explicandi autores tam sacros quam prophanos, Laur. Humphredo autore. *Basileæ,* 1559, in-8, veau.

95. MAX MULLER. La Science du langage, traduction G. Harris
et G. Perrot. *Paris,* 1867, in-8, br.

96. DELATRE (L.). Saggi linguistici. *Firenze,* 1873, in-12. —
Vocaboli germanici e loro derivati nella lingue italiana.
Roma, 1871, in-12, br.

97. HALLEZ-CLAPARÈDE. Les Noms propres, 1868, in-8. — Les
Noms propres et leur origine, 1869, in-8. Ens. 2 broch.

98. GIRAULT-DUVIVIER. Grammaire des grammaires. *Paris,*
1819, 2 tomes en 1 vol. in-18, d.-r.

99. BRÉAL (M.). 9 Mémoires.

> Forme et fonction des mots. — Méthode comparative appliquée
> à l'étude des langues. — De persicis nominibus apud scriptores
> græcos. — Place de la grammaire comparée dans l'enseignement
> classique. — Idées latentes du langage. — Progrès de la grammaire
> comparée. — Déchiffrement des inscriptions cypriotes, etc.

100. REINACH (S.). Manuel de philologie classique. 2ᵉ édit.
Paris, 1883-84, 2 vol. in-8, br.

LANGUE GRECQUE.

GRAMMAIRES ET DICTIONNAIRES

101. Dictionarium græcum ultra Ferrariensem æditionem
locupletatum locis infinitis, cum Dictionario, quo latina
græcis exponuntur. *Basileæ,* 1519, in-fol., rel. en bois.

102. Budæi Lexicon græco latinum, seu Thesaurus linguæ
græcæ. *Excudebat Joannes Crispinus*, 1554, in-folio,
veau.

103. Lexicon sive Dictionarium græco latinum, dictionum,
explicationum, et allegationum copia complectens, cura
Hadr. Junii Hornani. *Basileæ*, 1557, in-fol., p. de truie.

104. Lexicon sive dictionarium græco latinum G. Budæi, I.
Tusani, R. Constantini. 1562, in-folio, veau.

105. Etymologicon magnum, opera Friderici Sylburgii vet.
E typogr. Hieron. Commelini, 1594, in-fol. veau, titre
déchiré et remonté.

106. Syllabus greco latinus omnium Novi Testamenti vocum a
G. Pasore. *Amsterodami*, 1632, in-18, vél.

107. Thesaurus græcæ linguæ, secundum Constantini metho-
dum, studio G. Robertson. *Cantabrigiæ*, 1676, in-4, veau.

108. Glossarium ad scriptores mediæ et infimæ græcitatis,
auct. C. Du Fresne Du Cange. *Paris*, 1683, 2 vol. in-fol.,
veau.

> Manque le titre.

109. Thesaurus græcæ linguæ ab Henrico Stephano constructus.
Henr. Stephani Oliva, 4 vol. in-fol., vélin.

110. THESAURUS GRÆCÆ LINGUÆ AB HENRICO
STEPHANO constructus. *Paris*, *Didot*, 1831-65, 8 tom.
en 9 vol. in-4, d.-r.

> EXEMPLAIRE PRÉCIEUX *avec de nombreuses annotations et des
> additions considérables de M. Miller.*

111. Suidæ Lexicon, græce et latine, edid. Lud. Kusterus.
Cantabrigiæ, 1705, 3 vol. in-folio, veau.

112. Julii Pollucis Onomasticum, græce et latine, cum notis
variorum. *Amstelædami*, 1706, 2 vol. in-fol., veau.

113. Dictionarium quatuor linguarum opera G. Constantini
Joanninensis, tomus primus continens locuplet. Dictionarium
linguæ græcæ literalis. *Venetiis*, 1786, in-fol., bas.

114. Dictionnaire grec-français, manuscrit du xviiie siècle.
8 volumes in-8, demi-cuir de Russie.

> Une note de M. Miller, en tête de l'ouvrage, indique que ce
> dictionnaire manuscrit est tout entier de la main du célèbre hellé-
> niste Laporte Dutheil.

115. LENNEP (Daniel a) Etymologicum linguæ græcæ, ed. E.
Scheidius. *Traj. ad Rhenum*, 1808, in-8, veau.

116. Etymologicon magnum, opera Fr. Sylburgii, græce. *Lipsiæ*, 1816-18, 2 vol. in-4, d.-r.

117. Mœridis Atticistæ Lexicon atticum, cum variorum notis,
illustr. J. Piersonus. *Lipsiæ*, 1831, in-8, d.-r.

118. BRASSII (J.). Gradus ad Parnassum græcus, ed. C.-G. Siedhof. *Gottingæ*, 1838-40, 2 vol. in-8, d.-r.

119. Dictionnaire français-grec, par Planche, Alexandre et Defauconpret. *Paris*, 1841, in-8, veau.

120. PLANCHE. Dictionnaire grec français. *Paris*, 1858, in-8, cart.

121. ALEXANDRE. Dictionnaire grec-français. *Paris*, Hachette, 1848, gr. in-8, br.

122. PAPE (W.) Wœrterbuch der grieschischen Eigennamen. 3 Aufl. *Braunschweig*, 1853, gr. in-8 à 2 col., d.-mar. bleu.

123. SOPHOCLES (E.-A.). Greek lexicon of the roman and byzantine periods. *Boston*, 1870, in-4 à 2 col., perc.

124. CHASSANG (A.). Nouveau dictionnaire grec-français. *Paris*, 1872, gr. in-8 à 3 col., cart.

125. COURTAUD - DIVERNERESSE. Dictionnaire français-grec. *Paris*, 1874, in-4 à 3 col., maroq.

126. CLENARDUS (Nic.). Meditationes græcanicæ, in artem grammaticam. *Antverpiæ*, 1535, in-12, cart.

127. LANCELOT. Le Jardin des racines grecques. *Paris*, 1834, in-8, d.-mar. — BOINVILLIERS. Les racines de la langue latine. *Paris*, 1831, in-8, d.-mar.

128. MATTHLÆ (A.). Grammaire raisonnée de la langue grecque, traduite par Gail et Longueville. *Paris*, 1831-36, 3 vol. in-8, d.-r.

129. MINOIDE MYNAS. Orthophonie grecque, ou traité de l'accentuation. *Paris*, 1824. — Calliope, ou traité sur la véritable prononciation de la langue grecque. *Paris*, 1825, 2 tom. en 1 vol. in-8, d. mar.

130. MINOIDE MYNAS. Grammaire grecque contenant les dialectes. *Paris*, 1828, in-8, d.-mar.

131. RULAND (M.). Synonymia latino græca, in duas partes, opera D. Hœschelii. *Coloniæ Allob.*, 1612, pet. in-8, vél.

132. PILLON. Traité des synonymes et homonymes grecs trad. du grec. d'Ammonius *Paris*, 1824. — MINOYDE MYNAS. Ortophonie grecque. *Paris*, 1824, 2 tom. en 1 vol. in-8, veau fauve.

133. PILLON (A.). Synonymes grecs recueillis dans les écrivains des différents âges et expliqués. *Paris*, in-8, d.-v.

AUTEURS GRECS

TEXTES, TRADUCTIONS ET COMMENTAIRES

134. ACTUARIUS (J.). De Affectionibus et Actionibus spiritus animalis, græce edid. J.-F. Fischer. *Lipsiæ*, 1774, in-8, vélin.

135. Æliani Sophistæ varia Historia, cum notis integris variorum et interpret. latina Justi Vultegi, cur. Abr. Gronovio. *Lugd. Batav.*, 1731, in-4, vélin doré.

136. Æliani de Natura animalium libri XVII, græce edid. Fr. Jacobs, cum Gesneri interpr. latina. *Jena*, 1832, 2 vol. in-8, perc.

137. Æschinis Socratici dialogi tres, græce et lat., ed. J. Clericus. *Amstelod.*, 1711. — Clarorum virorum Epistolæ centum ineditæ, ex museo J. Brant. *Amstel.*, 1702, 2 ouv. en 1 vol. in-8, vél.

138. ESCHINE et DÉMOSTHÈNE. Harangues sur la Couronne, traduites par Plougoulm. *Paris*, 1842, in-8, br.

139. Æschyli Tragœdiæ VII, cum scholiis Petri Victorii. *Ex off. Henr. Stephani*, 1557, in-4, vél.

140. Æschyli Agamemnon emendavit, notas et glossarium adjecit C.-J. Blomfield. *Lipsiæ*, 1823, in 8, d.-mar.

141. Æschyli Agamemnon edid. C.-J. Blomfield. *Londini*, 1826, in 8, cart.

142. Æschyli Choephoræ edid. C.-J. Blomfield. *Cantabrigiæ*, 1827, in-8, cart.

143. Æschyli septem contra Thebas, edid. C.-J. Blomfield. *Londini*, 1829, in-8, cart.

144. Æschyli Persæ, ed. C.-J. Blomfield. *Londini*, 1830, in-8, cart. — Prometheus vinctus, ed. Blomfield. *Lipsiæ*, 1822, in-8, d.-r.

145 WELLAUER (A.). Lexicon Æschyleum. *Lipsiæ*, 1830-31, 2 tom. en 1 vol. in-8, d.-r.

146. Alcæi poetæ lyrici fragmenta. *Halæ*, 1810, in-8, cart.

147. Alciphronis rhetoris Epistolæ, gr. et lat. edid. J.-A. Wagner. *Lipsiæ*, 1798, 2 vol. in-8, d.-r.

148. Alexandri Aphrodisiensis, Peripatetici, Annotationes in librum Elenchorum, id est de apparentibus redarguendi argumentis Aristotelis, nuper in latinum conversæ G. Dorotheo, Veneto, interprete. *Parisiis*, 1542. — Nicolai Leonici Thomaei Opuscula. *Paris*, 1530, 2 ouvr. en 1 vol. in-fol., cart.

149. S. Patris nostri Amaseæ episcopi, aliorumque Ecclesiæ Græcæ Patrum orationes et homiliæ, gr. et lat. opera Fr. Combefis. *Parisiis*, 1648, in-folio, veau.
Reliure cassée.

150. Ἀμμώνιος. Alexander Ammonii Hermiæ filius, commentaria in librum peri hermenias. — Mich. Pselli paraphrasis. — In decem categorias, græce. *Venetiis, Aldus*, 1503, 3 part. en 1 vol. in-fol., vél.

151. Anonymi scriptoris historia sacra ab orbe condito ad Valentinianum et Valentem impp. e veteri cod. græco descripta J.-B. Bianconi latine vertit. *Bononiæ*, 1779, in-fol. veau rac.

152. Antiphontis Orationes XV, (græce) recognovit Ed. Maetzner. *Berolini*, 1838, in-8, d.-r.

153. Antonini Liberalis transformationum congeries, gr. et lat., int. G. Xylandro. *Lugd. Bat.*, 1774, in-8, veau.

154. Bast. Lettre critique à Boissonade sur Antoninus Liberalis, Parthenius et Aristénète. *Paris*, 1805, in-8, bas.

155. Appiani Alexandrini romanarum historiarum quæ supersunt, recensuit et annotavit. J. Schweighæuser. *Lipsiæ*, 1785, 3 tom. en 4 vol. in-8, veau rac.

156. Appien d'Alexandrie. Histoire des guerres civiles de la République romaine. traduite du grec par J. Combes-Daunous. *Paris*, 1808, 3 vol. in-8, veau rac.

157. Apollodori Atheniensis Bibliothecæ libri tres, recens. C.-G. Heyne. *Gœttingæ*, 1782, 4 vol. in-18, veau.

158. Apollonii Rhodii Argonautica ex rec. P. Brunckii. *Lipsiæ*, 1810-13, 2 vol. in-8, d.-r.

159. Apsinis græci rhetoris de Memoria liber singularis, gr. et lat. ed. F. Morellus. *Parisiis*, 1618, pet. in-8, br.

160. Apuleii Opera, interpretatione et notis illustravit Jul. Floridus. In usum Delphini. *Parisiis*, 1688, 2 vol. in-4, veau.

161. Arati Solensis apparentia M. Tullius Cicero latinis versibus reddidit, italicis vero C. Salvinius. *Florentiæ*, 1765. — Musaei grammatici de Herone et Leandro. — Tryphiodori Ægypti excidium Troiæ. — Theognidis Megar, Sententiæ, etc. *Ib.*, 1766, 4 part. en 1 vol. in-8, d.-r.

162. Archilochi Iambo-Graphorum principis reliquiæ, gr. et lat. ed. J. Liebel. *Lipsiæ*, 1812, in-8, cart.

163. Ἀριστκινέτου επιστολαι ερωτικαι, e Biblioth. J. Sambuci. *Antverpiæ*, 1566. — M. A. Mureti variarum lectionum libri VIII. *Venetiis*, 1559, 2 ouv. en 1 vol. in-4, vél.

164. Aristides, ex recensione G. Dindorfii. *Lipsiæ,* 1829, 3 vol. in-8, d.-r.

165. Aristophanis Comœdiæ, gr. et lat. *Paris*, Didot, 1838, gr. in-8, d. mar.

166. Dindorfii Scholia græca in Aristophanis Comœdias. *Oxonii*, 1838, 3 vol. in-8, perc.

167. Scholia græca in Aristophanem, edid. Fr. Dübner. *Paris*, Didot, 1842, gr. in-8, d.-mar.

168. Aristotelis de moribus ad Nicomachum, libri decem, græce. *Parisiis*, 1560, in-4, cart.

169. Aristotelis varia opuscula, græce ed. Fr. Sylburgius. *Francofurti*, 1587, in-4, cart.

170. Aristoteles, de Mundo, græce, cum duplici interpr. latina L. Apuleii et G. Budæi, etc. *Lugd. Bat.*, 1591, pet. in-8, perc.

171. Aristotelis Opera omnia, græce et latine. *Paris*, Didot, 1874-78, 5 tom. en 7 vol, gr in-8, br.

172. ARISTOTE. L'Art de la rhétorique, publié et traduit en français par Minoyde Mynas. *Paris*, 1837, in-8, d.-r. grand papier.

173. ARISTOTE. Histoire des animaux, texte revu et corrigé par N. Piccolos. *Paris*, 1863, in-8, br.

174. Alexandri Aphrodisiei in topica Aristotelis Commentarii, græce. *Venetiis, Aldus*, 1513, in-folio, veau.

175. Alexandri Aphrodisiei Commentaria in duodecim Aristotelis libros de prima philosophia, interpr. J. Genesio Sepulveda Cordubensi. *Parisiis*, 1536, in-fol., veau.

176. Alexandri Aphrodisei in octo libros Topicorum Aristotelis, e græco versa, G. Dorotheo interprete. *Parisiis*, 1542, in-folio, vél.

177. Εἰς τὴν Ἀριστοτέλους ῥητορικὴν ὑπομνήμα ανωνυμων, nunc primum in lucem editur. *Parisiis*, 1539, in-fol., vél.

178. La Poetica de Aristoteles dada a nuestra lengua castellana por D. Alonso Ordoñez, con el texto griego y una version latina. *Madrid*, 1778. in-8, veau.

179. Arrian et Oppian. Traitez de la chasse. *Paris*, 1690, in-12, veau.

    A la fin : La Pesche des baleines.

180. Arriani Historia indica, gr. et lat. rec. F. Schmieder. *Halis Magdeb.*, 1798, in-8, cart.

181. Arriani Periplus Ponti Euxini, Anonymi Periplus, etc., **græce et latine edid. G. Hoffmann. *Lipsiæ*, 1842, in-8, d.-chag.**

182. Arsenii violetum, græce ed. C. Walz. *Stuttgart*, 1832, in-8, d.-r.

183. Artemidori de Somniorum interpretatione libri V, græce de Insomniis, quod Synesii cujusdam nomine circumfertur. *Venetiis, Aldus*, 1518, in-8, vél.

> Un index grec manuscrit, du xvi° siècle, est ajouté au volume.

184. Artemidori Daldiani et Achmetis Sereimi, Oneirocritica gr. et lat. Astrampsychii et Nicephori versus etiam Oneirocritici. *Lutetiæ*, 1603, in-4, veau.

185. ATHANASIUS (D.). Vita S. Antonii eremitæ, græce scripta, nunc primum edita cum. Dav. Hœschelii August. interpretatione. *August. Vindel.*, 1640, in-4, vél.

186. ATENAGORA. Ragionamento intorno alla risurrezione de' morti, tradotto dal greco da G. Gozzi. *Vinegia*, 1806, in-8, cart.

187. Athenæi Deipnosophistarum libri XV, gr. et lat. rec. Is. Casaubonus. *Lugdini*, 1612, in-fol., peau de truie.

188. ATHÉNÉE. Banquet des savants, traduit par Lefebvre de Villebrune. *Paris*, 1789-91, 5 tomes en 6 vol. in-4, bas.

189. Athenæi Naucratitæ Deipnosophistarum libri XV, ex opt. codd. emendavit, nova versione latina et notis illustr. J. Schweighæuser. *Argentorati*, 1801-1805, 5 vol. in-8, veau écaille.

190. Animadversione in Athenæi Deipnosophistas, post Is. Casaubonum conscripsit J. Schweighæuser. *Argentorati*, 1801-1807, 9 vol. in-8, veau éc.

191. Athenæi Deipnosophistæ lib. XV. *Lipsiæ*, 1834, 4 vol. in-18, d.-r.

192. Basilii Magni et Gregorii Nazanzeni, Theologorum, Epistolæ græcæ, nunquam antea editæ. *Haganoæ*, 1528, in-12, dérelié.

193. Basilii, rom. imper Admonitoria ad filium suum Leonem, gr. et lat. cura J. Paradis. *Parisis*, 1637, in-12, vél.

194. BASILII Cæsar. Archiep. Opera omnia, gr. et lat. opera J. Garnier. *Paris*, Gaume, 1839, 3 tom. en 6 vol. gr. in-8, br. (Tome I part. 2 incomplet.)

195. Bionis et Moschi Reliquiæ, edid. F. Jacobs. *Gotha*, 1795, in-8, mar., tr. dor.

196. Cæsarii, S. Gregor. Naz. fratris, Quæstiones theologicæ et philosophicæ, græce et latine edid. E. Ehinger. *Augustæ Vindel.*, 1626, in-4, vél.

197. Callimachi hymni, epigrammata et fragmenta cum variorum notis græce et lat. edid. J.-A. Ernesti. *Lugd. Batav.*, 1761, 2 vol. in-8, fig., mar. rouge, tr. dor.

198. Callini Ephesii, Tyrtæi Aphidnæi, Asii Samii carminum quæ supersunt, illustr. Nic. Bachius. *Lipsiæ*, 1831, in-8, broché.

199. Κέβητος Θηβαίου πίναξ, *Paris*, 1545. — Cebetis Thebani tabula. Aurea carmina Pythagoræ, latine. *Paris*, 1545, 2 part. en 1 vol. in-18, cart.

200. Cebetis Thebani Tabula, græce et latine, a J. Gronovio. *Amstel.*, 1689, in-12, veau.

201. Ἀκολουθία ἱερὰ τοῦ Χριστοδούλου τοῦ Θαυματουργοῦ. *Athènes*, 1884, in-8, br., pl.

202. Climaci (J.) Liber ad religiosum pastorem, qui est de officio Cœnobiarchæ, gr. et lat. a Mat. Radero. *Aug. Vindel.*, 1606, in-12, cart.

203. Coluthus. L'Enlèvement d'Hélène, poëme, traduit en français, accompagné d'une version latine, de notes et du fac-similé entier des deux mss. de la Bibliothèque royale, par Stan. Julien. *Paris*, 1823, in-8, d.-r.

204. Tournier (E.). Notes critiques sur Colluthus. *Paris*, 1870, in-8, br. — Observations de critique verbale sur un passage de S. Jean Chrysostome. Br. in-8.

205. Cyri Theodori prodromi Epigrammata, latinitate donata cura G. de Souvigny. *Juliomagi*, 1632, in-4, parch.

206. Demetrii Pepagomeni de Podagra græce et latine, edid. J.-S. Bernard. *Lugd. Bat.*, 1743, in-8, veau fauve.

207. Demosthenis et Archinis quæ exstant omnia, indicibus locupl., interpretatione latina, scholiis, notis variorum illus_travit G.-S. Dobson. *Londini*, 1828, 10 vol. in-8, dem.-mar.

208. Démosthène. Plaidoyers politiques, texte grec publié par Henri Weil. 1ʳᵉ série. *Paris*, 1877, in-8, br.

209. Apparatus critici ad Demosthenem, Wolfii, Taylori et Reiske annotationes tenens. *Lipsiæ*, 1874-1875, 3 vol. in-8, d.-r. — Indices operum Demosthenis confecit Reiske. *Lipsiæ*, 1775, in-8, d.-r. Ens. 4 vol.

210. Dictys Cretensis, de Bello Troiano. — Daretis Phrygii de excidio Troiæ, lat. *Basileæ*, 1529, in-12, cart.
Ens. Galeatii Capellæ de rebus nuper in Italia gestis. *Antverp.*, 1533.

211. Diodori Siculi Bibliothecæ historicæ libri quæ supersunt, græce et latine, cum comment. C.-G. Heynii. *Biponti*, 1793-1807, 11 vol. in-8, veau rac.

212. Dionis Cassii Cocceiani historiarum romanarum quæ supersunt, græce et latine. edid. et annotavit. F.-G. Sturzius. *Lipsiæ*, 1824-1836, 9 vol. in-8, d.-mar.

213. Dionis Chrysostomi Orationes LXXX, græce. *Venetiis, Aldus*, in-8, cart.

214. Dionysii (Beati), arch. Alexandrini, Epistola adversus Paulum Samosatensem, episc. Antiochiae, græce et latine. *Romæ*, 1608, pet. in-8, vél.

215. Dionysii Areopagitæ Opera quæ extant, græce. *Paris*, 1562, in-8, veau.

216. S. Dionysii Areopagitæ, cum scholiis S. Maximi et paraphrasi Pachymeræ gr. et lat. a Balth. Corderio. *Antverpiæ*, 1634, in-fol., veau.

217. Dionysii Geographia (græce), edid. Edw. Wells. *Oxonii*, 1704, in-8, vél., 16 cartes.

218. Dionysii Byzantii de Bospori Navigatione quæ supersunt, gr. et lat. edidit C. Wescher. *Paris*, 1874, in-4, br.

219. Dionysii Halicarnassensis Opera omnia, græce et latine, cum annot. variorum. *Lipsiæ*, 1774-1777, 6 vol. in-8, veau rac.

220. Les Antiquités romaines de Denys d'Halicarnasse, traduites en français par Bellanger. *Paris*, 1800, 6 vol. in-8, veau rac.

221. Dionysius Periegetes, græce et latine cum annot. God. Bernhardy. *Lipsiæ*, 1828, 2 vol. in-8, d.-r.

> Geographi Græci minores, I, II.

222. Empedocles Agrigentinus, de vita et philosophia ejus exposuit, carminum reliquias collegit, etc., M.-F.-G. Sturz. *Lipsiæ*, 1805, in-8, d.-r.

223. Euclidis elementorum Libri XV, græce et latine. *Lutetiæ*, 1558, pet. in-8, vél.

224. Euclidis quæ supersunt omnia, gr. lat. ex recens. Dav. Gregorii. *Oxoniæ*, 1703, in-fol., vél.

225. Eunapii Sardiani vitas sophistarum et Fragmenta historiarum, recens. J.-F. Boissonade, cum annot. D. Wyttenbachii. *Amstelodami*, 1822, 2 vol. in-8, d.-r.

226. Eusebii Pamphili Cæsar. Palest. episcopi de demonstratione evangelica libri decem, gr. et lat. cura Fr. Vigeri. *Parisiis*, 1628, in-fol., veau.

227. Le même, in-fol., veau. (Mouillures.)

228. Eusebii Pamphili evangelicæ Preparationis lib. XV, ad codd. mss. recens. Th. Gaisford, cum F. Vigeri versione latina. *Oxonii*, 1843, 4 vol. in-8, perc.

229. Eustathii archiep. Antioch. in Hexahemeron Commentarius ac de engastrimytho Dissertatio adversus Origenem græce et latine. *Lugduni*, 1629, in-4, veau.

230. Eustathii Metrop. Thessalon. Opuscula. Accedunt Trapezuntinæ historiæ scriptores Panaretus et Eugenicus, græce edid. Th.-L.-F. Tafel. *Francof., ad M.*, 1832, in-4, cart.

231. Flavii Josephi Opera omnia, græce et latine, cum notis J. Hudsoni et variorum. *Amstelædami*, 1726, 2 vol. in-fol., d.-r.

232. Gennadii, patriarch. Constant., Homiliæ de sacramento Eucharistiæ, Meletii Alexandr., Nectarii Hierosol., Meletii Syrigi et aliorum de eodem argumento, græce et lat. edid. Eus. Renaudot. *Paris*, 1709, in-4, veau.

233. Georges Scholarius, surnommé Gennadius, patriarche de Constantinople, contre les doutes de Pléthon sur Aristote, publié par Minoïde Mynas. Livre premier. *Paris*, 1858, in-8, br.

234. Gregentii, Tephrensis archiep., disputatio cum Herbano Judæo, græce edita cum interpr. N. Gulonii. *Lutetiæ*, 1603, in-8, vél.

235. Gregorii Corinthii et aliorum grammaticorum libri de Dialectis linguæ græcæ, edid. G.-H. Schæfer. *Lipsiæ*, 1811, in-8, d.-r.

236. Gregorii, episc. Nyssæ, de euntibus Jerosolyma Epistola, gr. et lat. a P. Molineo, cum ejusdem tractatu de Peregrinationibus. *Hanoviæ*, 1607, in-8, dérel.

237. S. Gregorii Nysseni Oratio catechetica, græce et latine, ed. G. Krabingerus. *Monachi*, 1838, in-8, d.-r.

238. Harpocrationis Lexicon. *Lipsiæ*, 1824, 2 vol. in-8, d.-r.

239. Hermogenis Ars rhetorica absolutissima. — De Inventione tomi IV. — De Formis orationum, tomi duo. — De Methodo gravitatis. *Parisiis*, 1530, 4 part. en 1 vol. in-4, d.-r.

240. Herodiani Historiarum libri octo, e recens. H. Stephani, cum Bergleri versione, cur. Th.-G. Irmisch. *Lipsiæ*, 1789-1805, 5 vol. in-8, d.-r.

241. Herodoti Halicarn. Historiarum libri IX, gr. et latine, ab H. Stephano recogn. *Francofurti*, 1608, in-fol. veau.

242. Schweighæuser (J.). Lexicon Herodoteum. *Argentorati*, 1824, 2 vol. in-8, portr., veau fauve.

243. Hesiodus græco-latinus, cum schematismis, artificium inventionis continuentibus, auth. G. Henischio. *Basileæ*, 1580, in-8, vél.

244. Hesiodi Scutum Herculis, cum grammaticorum Scholiis græcis, edid. C.-F. Heinrich. *Vratislaviæ*, 1802, in-8, veau.

245. Patin. Poèmes d'Hésiode, traduction nouvelle. *Paris*, 1873, in-8, br. — La Théogonie d'Hésiode, traduction nouvelle. *Paris*, 1872, in-8, br.

246. Hesychii Glossæ sacræ, græce, cum notis J.-C.-G. Ernesti. *Lipsiæ*, 1785, in-8, d.-r.

247. Hieroclis philos. de Providentia et Fato, gr. et lat. interpr. F. Morello. *Paris*, 1597. — Anonymi Oratio funebris in imp. Constantinum jun. græce edid. F. Morellus. — D. Hieronymi de S. Trinitate, græce ed. F. Morellus. — Morelli notæ in Monodiam Libanianam. — Menandri et Philistiones Sententiæ. — Joannis Tsetzæ Allegoriæ. — Procli Hymni. — Carmen gr. Iambographi in Divam Barbaram, gr. et lat. En 1 vol. in-8, vél.

248. Hippocratis Coi Prolegomena, et Prognosticorum libri tres. cum versione et comment. Joh. Heurnii. *Lugduni Batav.*, 1597, in-4, vél.

249. Hippocratis Coi aphorismi gr. et lat. a L. Heurnio. *Lugduni*, 1615, in-18, vél.

250. Homère. Οδυσσεια, βατραχομνομαχία, ὑμνοι. *Argentorati*, 1525, in-8, d.-r.

251. Homère. Odyssée, trad. en vers grecs, par J. Polylas. *Athènes*, 1875-1881, 4 fasc. in-8, br.

252. Homeri Ranarum et murium Pugna, ed. Phil. Melanchton. *Wittebergæ*, 1556. in-4, cart. (Annoté).

253. Homeri Hymni et Epigrammata, edid. G. Hermann. *Lipsiæ*, 1806, in-8, cart.

254. Homère. L'Iliade, texte grec publié par Alexis Pierron. *Paris*, Hachette, 1869, 1 vol. in-8, br.

255. Homère. L'Odyssée, texte grec revu et accompagné d'un Commentaire critique, par Alexis Pierron. *Paris*, Hachette, 2 vol. gr. in 8, br.

256. Βατραχομνομαχία. Homeri poema festivum et elegans de ranarum cum muribus Pugna a L. Lycio editio, cum Ph. Melanchtonis et H. Stephani annotat. *Lipsiæ*, 1545, pet. in-4, cart. (Annotations.)

257. Heraclidis, Pontici, Allegoriæ in Homeri Fabulas de diis, græce et latine, Conr. Gesnero interprete. *Basileæ*, 1544, in-8, vél. (Taché.)
Exemplaire de Baluze, avec des notes de sa main.

258. Chilias Homericorum locorum qui a diversis. Pindari, Hesiodi, Æschyli, etc., interpretibus usurpantur, per J. Hartung. *Basileæ*, 1568, in-8, dérelié.

259. Eustathius, archiepisc. Thessal. Παρεκβολαὶ εἰς τὴν Ὁμήρου Ἰλιάδα. *Romæ*, 1542, in-fol. veau.

260. Homerici Centones a veteribus vocati. Ὁμηρόκεντρα. Virgiliani Centones, utrique in quædam historiæ sacræ capita scripti. Nonni paraphrasis Évangilii Joannis gr. et latine. ***Henr. Stephanus*, 1578, in-18, vél.**

261. Tzetzæ Allegoriæ Iliadis, accedunt Pselli allegoriæ, cura
J.-F. Boissonnade. *Lutetiæ*, 1851, in 8, d.-r.

262. Scholia antiqua in Homeri Odysseam ab Ang. Mai pro-
lata, etc. *Berolini*, 1821, in 8, d.-v.

263. Apollinii Sophistæ Lexicon Græcum Iliadis et Odyssæ.
Lutet. Paris. 1773, 2 part. en 1 vol. in-4. veau.

264. Matthiæ (A.) Animadversiones in hymnos homericos
Lipsiæ, 1800, in 8, veau.

265. Diaconis Stratonicensis liber de Metris poeticis. J. Tzetz
exegesis in Homeri Iliadem, græce edid. F. Hermann.
Lipsiæ, 1812, in-8, veau.

266. Spohn (F.-A.-G.). Commentatio de extrema Odyssæ
parte. *Lipsiæ*, 1816, in-8, cart.

267. Rangabé (Cléon). Ὁ καθ' Ὅμηρον οἰκιακος βιος. *Leipzig*,
1883, gr. in-8, fig., perc.

268. Nicolaïdes. Topographie et plan stratégique de l'Iliade.
Paris, 1867, in-8, br., carte.

269. Nicolaides (G.). Ιλιαδος στρατηγικη διασκευη και τοπογραφια.
Athènes, 1883, in-8, cartes, br.

270. Daremberg. La Médecine dans Homère. *Paris*, 1865,
in-8, pl., br.

271. Ομηρου βιος και ποιηματα, πραγματεια ιστορικη και κριτικη υπο
Ιωαν. Βαλεττα. *London*, 1867, in-4, br.

272. Ori Apollinis Niliaci Hierogliphica. *Paris*, 1521, in-12,
veau.

273. S. Irenæi, episcopi Lugdun. fragmenta anecdota, græce
et latine. *Hagæ Com.*, 1715, in-8. v.

274. Isocrate. Œuvres complètes, traduction nouvelle avec
texte en regard, par le duc de Clermont-Tonnerre. *Paris*,
1862-1864, 3 vol. gr. in-8, br.

275. Jamblichi Chalcidensis ex Syria cœle de vita Pithagoræ, etc.,
græce et latine ed. J.-A. Theodoretus. *Franekeræ*, 1598,
in-4, vélin.

276. Jamblichi de vita pythagorica Liber, græce et latine, edid.
Th. Kiessling. *Lipsiæ*, 1815-1816, 2 vol. in 8, v.

277. Jamblichi de vita Pythagorica Liber, gr. edid. A. Nauck.
Petropoli, 1884, in-8. br.

278. Joannis Chrysostomi in Genesin Sermones III, nunc primum in lucem editi græce et latine. *Lutet.*, 1594. — Ejusdem,
de Principatu et Imperio. 1593. — Synesii Homiliæ et Consti-
tutiones. — Hieroclis, de Providentia. — Gregorii Cyprii
maris laudatio. — Philonis Judæi de Nominibus mutatis, etc.
15 pièces en un vol. in-12, d.-veau.

279. Joannis Chrysostomi de Virginitate, gr. et lat. *Monachii*, 1612. — Orationes tres, gr. et lat. *Ibid.*, en 1 vol. in-8, vél.

280. Chrysostomi (Divi) Epistola ad Cæsarium, monachum, auth. J. Basnage. *Roterodami*, 1687, pet. in-8, vél.

281. S. Joannis Chrysostomi de educandis liberis Liber aureus, etc., gr. et lat. cura F. Combefis. *Paris*, 1656. — Isidorianæ collationes quibus S. Isidori Pelusiotæ Epistolæ comparantur. *Romæ*, 1670, 2 ouv. en 1 vol. in-8, vél.

282. Joannis Chrysostomi Opera omnia que exstant, græce et latine. *Paris Gaume*, 1839, tomes I à IV, en 2 part., V, part 2, VI à VIII en 2 part., X, p. 2, XI en 2 part., XII p. 2. 19 vol. gr. in-8, br.

283. Johannis Damasceni Opera omnia quæ exstant, gr. et lat. opera Mich. Lequien. *Venetiis*, 1748, 2 vol. in-fol., parch. (Mouillures.)

284. Joannis Grammatici Philoponi Alexandrini contra Proclum de mundi Æternitate, græce. *Venetiis*, 1535, in-fol., veau fauve à comp.

285. Joannis Grammatici Tzetzis Expositio librorum Hesiodi. *Basileæ*, 1542, in-8, vél.

286. Juliani imperatoris quæ feruntur Epistolæ et Fragmenta breviora, græce et latine, edid. L.-H. Heyler. *Moguntiæ*, 1828, in-8, d.-mar. rouge, tête dor.

287. JULIEN (l'Empereur). Œuvres complètes, traduites pour la première fois du grec en français, par R. Tourlet. *Paris*, 1821, 3 vol. in-8, veau rac.

288. LÉON LE SAGE. Les Oracles. La Bataille de Varna, la Prise de Constantinople, poèmes en grec vulgaire, publ. par Em. Legrand. *Paris*, 1875, in-8, br.

289. Libanii Sophistæ kalendarum expressio, gr. et lat. cura Th. Marcilii. *Paris*, 1603. — Orationis dominicæ et Salutationis angelicæ interpretatio Theod. Marcilii. *Paris*, 1601, en 1 vol. in-8, vél.

290. Longi Pastoralia, gr. et lat. *Lipsiæ*, 1803, in-12, d.-mar.

291. Longi Pastoralia græce edid. P.-L. Courier. *Paris*, 1829, in-8, br.

292. Longini (D.) de Sublimitate, græce et latine, recens. B. Weiske. *Lipsiæ*, 1809, in-8, d.-v.

293. Luciani Samosat. Quomodo historia conscribenda est gr. et lat. edid. F. Riollay. *Oxonii*, 1776, in-8, cart.

294. CROISET (Maur.). Essai sur la Vie et les Œuvres de Lucien. *Paris*, 1882, in-8, br.

295. Luciani Toxaris, sive de Amicitia (græce et lat.). *Paris*, 1653, in-12, vél.

296. Lycophronis Chalcidensis Alexandra, cum Isac. Tzetzis commentariis, et G. Canteri interpret. versuum latina. *Paris*, 1601, in-4, vél.

297. Tzetzæ Scholia in Lycophronem, græce edid. C.-G. Müller. *Lipsiæ*, 1811, 3 vol. in-8, d.-v.

298. Dehèque. La Cassandre de Lycophron, éditée, traduite, annotée. *Paris*, 1853, gr. in-8, br. — Rapport sur les travaux de l'École d'Athènes. 1864, in-4, br.

299. Stéphane de Rouville. Lettres grecques du rhéteur Alciphron. *Paris*, 1874, in-12, br. — Cassiodore. De l'âme. 1875, in-12, br.

300. Lydi (J.-L.). De ostentis quæ supersunt, edidit et latine vertit C.-B. Hase. *Paris*, 1823, gr. in-8, d.-mar.

301. Manethonis Apotelesmaticorum libri sex, edid. J. Gronovius. *Lugd. Bat.*, 1698, in-4, veau.

302. Manuelis Philæ Carmina græca, etc., græce et latine, edid. G. Wernsdorf. *Lipsiæ*, 1768, in-8, d.-r.

303. Manuelis Philæ Carmina, ex codd. Escurial., Florent., Paris., et Vaticanos nunc primum edidit E. Miller, *Paris*, 1855-1857, 2 vol. in-8, mar. rouge à comp., tr. dor.

303 *bis*. Le même, broché.

304. Marci Antonini imperatoris de vita sua Libri XII, græce et latine. *Lugduni*, 1626, in-12, vél.

305. Marcien d'Héraclée, Periple, Epitome d'Artémidore, Isidore de Charax, etc., texte grec et trad. latine par E. Miller. *Paris*, 1839, in-8, br.

306. Périple de Marcien d'Héraclée, Epitome d'Artémidore, etc., avec une carte par E. Miller. *Paris*, 1839, in-8, d. mar. rouge.

306 *bis*. Le même, in-8, d.-r.

307. Maximi Monachi capitum theologicorum Centuriæ quinque, græce et latine. *Parisiis*, 1560, 2 part. en 1 vol. in-8, vél.

308. S. Maximi Scholia in eos B. Dionysii libros qui exstant. — Michælis Syngeli Laudatio ejusdem. *Paris*, 1562, in-12, vél.

309. Maxime de Tyr, philosophe platonicien. Traitez, qui sont quarante et un discours profondément doctes et grandement éloquens, de nouveau mis en français. *Rouen*, 1617, in-4, vél.

310. Maximi Tyrii, philos. Platon., dissertationes, gr. et lat. *Lugduni*, 1630, in-8, parch.

311. Maxime de Tyr. Dissertations, traduites du grec par J. Combes-Dounous. *Paris*, 1802, 2 tom. en 1 vol. in-8, d.-r.

312. Menandri et Philemonis Reliquiæ, edid. A. Meineke. *Berolini*, 1823, in-8, d.-r.

313. Μιχαηλ Ακομινατου του Χωνιατου τα σωζομενα, τα πλειστα εκδιδομενα υπο Σπ. Λαμπρου. *Athènes*, 1879-1880, 2 vol. in-8. br.

314. Œuvres de Michel Akominatos, en grec, publ. par S. Lambros. *Athènes*, 1879-1880, tome I et supplément, in-8, br.

315. Michælis Apostolii Parœmiæ, cum P. Pantini versione editæ. *Lugduni Batav.*, 1619, in-4, vél.

316. Musæi grammatici de Herone et Leandro Carmen, ex rec. M. Rœver, *Lugd. Bat.*, 1737, in-8, front., veau à comp.

317. Musæi de Herone et Leandro Carmen, ex rec. J. Schraderi. *Leovardiæ*, 1742, in-8, d.-r.

318. NEANDER (Mich.). Orationes duæ, nuptialis et funebris, græce. *Basileæ*, 1553, pet. in-8, cart.

319. Nonni Dionysiacorum libri XLVII, ed. F. Graefe. *Lipsiæ*, 1819-1826, 2 vol. in-8, d.-r.

320. NONNOS. Les Dionysiaques, ou Bacchus, poème en 48 chants, rétabli, traduit et commenté par le comte de Marcellus. *Paris*, 1856, 6 vol. in-18, br.

321. OCELLUS LUCANUS. De la Nature de l'univers, en grec et français, par l'abbé Batteux. *Paris*, 1768, in-8, veau.

322. Olympiodori philos. Alexandr., in Meteora Aristotelis Commentarii, Joannis Grammatici Scholia in primum Meteorum. *Veneliis, Aldus*, 1551, in-fol., vél.
> Mouillure au titre.

323. Oppiani de Venatione et de Piscatione, græce et lat. cur. J. G. Schneider. *Argentor.*, 1776, in-8, d.-v.

324. OPPIEN. Les Halieutiques, traduits du grec, du poème d'Oppien où il traite de la pêche et des mœurs des habitants des eaux, par J.-M. Limes. *Paris*, 1817, in-8, d.-r., front.

325. La Pêche et la Chasse dans l'antiquité. Poème des Halieutiques et des Cynégétiques, traduits par Bourquin. *Paris*, 1878, in-8, br.

326. Oracula Sibyllina, græce et latine cur. C. Alexandre. *Paris*, 1841-56, 2 tom. en 3 vol. gr. in-8, br.

327. Oracula Sibyllina. gr. et lat. cur. C. Alexandre. Editio altera. *Paris*, 1869, in-8, br.

328. ORIBASE. Œuvres texte grec, en grande partie inédit, collationné sur les manuscrits, traduit pour la première fois en français, avec notes, tables et planches, par Bussemaker et Daremberg. *Paris*, 1851-76, 6 forts vol. in-8, br.

529. Origenis Philocalia, de obscuris S Scripturæ locis, græce et latine, opera J. Tarini. *Paris*, 1619. Nomocanon Photii,

patriarchæ Constantinop., græce et latine. *Lutetiæ Paris.* 1615, 3 ouvr. en 1 vol. in-4, veau.

330. Ὠριγενους περι ευχης συνταγμα. Origenes, de oratione, gr. et lat. *Oxonia*, 1685, in-12, veau.

331. ORIGÈNE. Traité contre Celse, ou défense de la religion chrétienne contre les accusations des païens, traduit du grec par Elie Bouhéreau. *Amsterdam*, 1700, in-4, veau.

332. Origenis philosophumena, sive omnium hæresium Refutatio. græce edid. E. Miller. *Oxonii*, 1851, in-8, perc.

333. Origenis Philosophumena, sive omnium hæresium Refutatio, edid. G. Miller. *Oxonii*, 1851, in-8, perc.

334. Orphei Argonautica, hymni et de lapidibus, gr. et lat. cur. A. C. Eschenbach. *Traj. ad Rh.*, 1689, in-12, d.-r.

335. Orphica, cum var. notis, rec. G. Hermann. *Lipsiæ*, 1805, in-8, veau.

336. Pachymeris (G.). Declamationes XIII, Hieroclis et Philagrii Grammaticorum φιλογελως longe maximam partem ineditus, curante J.-F. Boissonnade. *Paris*, 1848, in 8, d.-r.

337. Palladii, episc. Helenopolitani, de vita S. Johannis Chrysostomi Dialogus, gr. et lat. cura E. Bigotii. *Lut. Par.*, 1680, in-4, v.

338. Pauli Æginetæ medici Libri septem, græce. *Venetiis, Aldus*, 1528, in-folio, vélin.

339. Paul d'Egine, texte grec et traduction par René Briau. *Paris*, 1855, in-8, br.

340. Pausaniæ Descriptio Græciæ, græce et latine, edid. H. C. Schubart et C. Walz. *Lipsiæ*, 1838-39, 3 vol. in-8, d.r-.

341. Philetæ Coi, Hermesianactis Colophonii atque Phanoclis Reliquiæ, edid. N. Bachius, *Halis Sax.*, 1822, in-8, d.-r.

342. Philonis, episcopi Carpasii enarratio in Canticum Canticorum, græce et latine ed. M. A. Giacomellus. *Romæ*, 1772, in-4, d.-r.

343. MELETOPOULOS (A.). Ανεκδοτο; επιγραφη η σκευοθηκη του Φιλωνος. *Athènes*, 1882, in-4, pl., br.

344. PHILOPONI (J.). In cap. I Geneseos de mundi Creatione, græce et latine ed. Balth. Corderius. *Viennæ*, 1630, in-4, veau.

345. Philostrati Heroica græce et latine, edid. J.-F. Boissonade. *Paris*, 1806, in-8, bas.

346. Philostrati (Flavii) quæ supersunt, Philostrati jun. imagines, Callistrati Descriptiones, græce edid. C. L. Keyser. *Turici*, 1844-46, 3 fasc. in-4, br.

347. Photii, patriarchæ Constant. epistolæ, gr. et lat. per Rich. Montacutium. *Londini*, 1651, in-folio, veau.

348. Photii Myriobiblion, sive Bibliotheca librorum quos legit et censuit Photius, patriarcha Constantin., græce edidit Dav. Hœschelius, latine reddidit Andr. Schottus, Antverp. *Rothomagi*, 1653, in-fol. veau.

349. PHOTIUS LE PATRIARCHE. Λεξεων συναγωγη e cod. Galeano descripsit Ric. Porsonus. *Cantabrigiæ*, 1822, 2 vol. in-8, cart.

350. Photii Bibliotheca, græce, ex recens. Imm. Bekkeri, *Berolini*, 1824, 2 tom. en 1 vol. in-4, d.-r.

351. Phrynichi Eclogæ nominum et verborum atticorum, cum notis edid. C. A. Lobeck. *Lipsiæ*, 1820, in-8, d. r.

352. Phrynichus, the new, being a revised text of the ecloga of the Grammarian Phrynichus, with introduction and commentary by W. G. Rutherford. *London*, 1881, in-8, perc.

353. Physici et medici græci minores, ed. J. L. Ideler. *Berolini*, 1841-42, 2 tom. en 1 vol. in 8, d.-r.

354. Pindari Olympia et Pythia, gr. *Paris*, 1535, in-12, d.-r.
Interfolié et annoté.

355. PINDARE. Les Odes pythiques, texte et traduction par M. Chabanon. *Paris*, 1772, in-8, veau.

356. PINDARE. Œuvres, traduites en français, avec le texte grec en regard, par Sommer. *Paris*, 1848, in-8, d.-r.

357. CROISET (A.). La Poésie de Pindare et les Lois du lyrisme grec. *Paris*, 1880, in-8, br.

358. PISIDE (G.). Opus sex dierum, seu mundi officium, poema, græce et latine. *Lutetiæ*, 1585, in-4, veau.

359. Platonis quæ exstant Opera, græce et latine edid. F. Astius. *Lipsiæ*, 1819-32, 11 tom. en 7 vol. in-8, d.-v.

360. Platonis dialogi cura L. F. Heindorfii. *Berolini*, 1802-1809, 4 vol. in-8, br.
Manque la 2º partie du tome IV.

361. Lexicon Platonicum, sive vocum Platonicarum Index, condidit D. F. Astius. *Lipsiæ*, 1835-38, 3 vol. in-8, d.-r.

362. PLÉTHON. Traité des lois, texte grec publié par C. Alexandre et traduction de Pellissier. *Paris*, 1858, in-8, br.

363. Plotini liber de Puchritudine, græce et lat. edid. F. Creuzer. Accedunt Anecdota græca. *Heidelberg*, 1814, in-8, d.-mar.

364. Plutarchi Chæronensis quæ supersunt, omnia, græce et latine, edid. et annot. J. J. Reiske. *Lipsiæ*, 1774-82, 12 vol. in-8, fig. d.-r.

365. Plutarque. Les Vies des hommes illustres, traduites par D. Ricard. *Paris*, 1829, 16 vol. in-18, br.

366. Graux (C). De Plutarchi codice manuscripto Matritensi injuria neglecto. *Lutet. Paris.*, 1880, in-8, br.

367. Pollucis (J.). Historia physica, seu Chronicon ab orig. mundi usque ad Valentis tempora, gr. et lat. ed. J. Hardt. *Monachii*, 1792, in-8, veau.

368. Pollucis Julii Onomasticon, cum annotationibus interpretum, curav. G. Dindorf. *Lipsiæ*, 1824, 5 tom. en 4 vol. in-8, d.-v.

369. Les Histoires de Polybe, avec les fragments ou extraits du mesme autheur, contenant la pluspart des ambassades. De la traduction de P. du Ryer. *Paris*, 1655, in-fol. veau.

370. Polybii historiarum Libri qui supersunt, gr. et latine illustravit Isaac. Casaubonus. *Paris*, 1609, in-fol. d.-r.

371. Polybii Lycortæ historiarum Libri qui supersunt, græce et latine cura Is. Casauboni. *Amstelodami*, 1670, in-8, vél.

372. Procli Diadochi Lycii, philosophi Platonici ac Mathematici probatissimi in primum Euclidis librum commentariorum libri IV, a Fr. Barocio editi. *Patavii*, 1560, in-folio, fig., cart.

> Le titre et le premier feuillet ont la marge inférieure rongée par une mouillure.

373. Procli Diadochi Sphæra, gr. et lat., J. Laurenbergio interprete. *Rostochii*, 1611, in-12, br.

374. Procopii Gazæi in libros Regum et Paralipomenon Scholia, græce et lat. edid. J. Meursius. *Lugd. Bat.*, 1620. — Eusebii Polychromi, Pselli in Canticum Canticorum, græce edid. J. Meursius, *Lugd. Bat.*, 1617, etc., 3 ouvr. en 1 vol. in-4, veau.

375. Prudentii Aurelii Clementis, viri consularis, libelli cum commento Antonii Nebrissensis. *Impressum in civitate Lucronii*, 1512, in-4, goth , veau.

> Contient : Prudentii Cathemerinon. — Romanus. — Peristephanon. — Apotheosis. — Amartigenia. — Contra Symmachum, etc.

376. Prudentii M. Aurelii Clementis Carmina recognita a Faustino Arevalo. *Romæ*, 1788, 2 vol. in-4, d.-mar.

377. Psellus (Mich.). De Operatione dæmonum, græce, cum notis Gaulmini cur. J. F. Boissonnade. *Norimbergæ*, 1838, in-8, d.-v.

378. Ptolemæi Claudii magnæ Constructionis, id est perfectæ cœlestium motuum pertractationis lib. XIII, græce, Theonis,

Alexandrini in eosdem Commentariorum lib. XI. *Basileæ*, 1538, in-fol. fig., veau.

Annotations.

379. In Claudii Ptolemæi quadripartitum enarrator ignoti nominis, quem tamen Proclum fuisse quidam existimant. — Porphyrii philosophi Introductio in Ptolemæi opus de Effectibus astrorum; præterea Hermetis philosophi de Revolutionibus nativitatum libri duo, incerto interprete. *Basileæ*, 1559, in fol., cart.

380. Quinti Smyrnæi posthomericorum libri XIV, rec. J. C. Tychsen. *Argentorati*, 1807, in-8, d.-r.

381. Rufus d'Ephèse. Œuvres. Texte collationné sur les manuscrits, traduit pour la première fois en français par C. Daremberg et E. Ruelle. *Paris*, 1879, in-8, br.

382. Sidonii (C. Sollii Apollinaris) Opera, Jo. Savaro Castig. et commentarium adjecit, cum indicibus. *Paris, Plantin*, 1609, in-4, veau à comp. dorés, tr. dor.

383. Simonidis Carmen de mulieribus; græce. *Gœttingæ*, 1781. — Plutarchi de puerorum educatione Libellus, græce, 1790. — Platonis dialogus 10 de Furore poetarum. *Hamburgi*, 1782, 3 ouvr. en 1 vol. pet. in-8, veau.

384. Simonidis Cei carminum Reliquiæ edid. F.-G. Schneidewin. *Brunswigæ*, 1835, in-8, d.-r.

385. Socratis et Pythagoræ quæ feruntur Epistolæ, græce et latine cura J.-C. Orelli. *Lipsiæ*, 1815, in-8, d.-r.

386. G. d'Eichthal. Ο Σωκρατης και τα καθ' ημας, εξελληνισθε᾽ α υπο Ιωαν. Βηλεττα. *Leipzig*, 1884. gr. in-8, perc. dor., portr.

387. Sophoclis Tragœdiæ septem, cum interpretatione latina et scholiis cur. J. Capperonnier et J.-F. Vauvilliers. *Paris*, 1781, 2 vol. in-4, cart.

388. Sophoclis quæ exstant omnia, versione et notis illustravit R.-F.-P. Brunck. *Londini*, 1824, 3 vol. in-8, perc.

389. Sophoclis Œdipus Coloneus, e rec. P. Elmsley, cum Brunckii annot. *Lipsiæ*, 1824, in-8, br.

390. Ellendt (F.). Lexicon Sophocleum. *Regim. Pruss.*, 1835, 2 vol. in-8, d.-r.

391. Sorani Ephesii de Arte obstetricia Morbisque Mulierum quæ supersunt, græce a F.-R. Dietz. *Regimontii Pruss.*, 1838, in 8, d.-r.

392. Stephanus (Byzantius), de Urbibus, græce G. Xylandri August. labore. *Basileæ*, 1568, in-fol., vél.

393. Stephanus, de Urbibus, quem primus Thomas de Pinedo Lusitanus, gr. et lat. illustr. *Amstelodami*, 1678, in fol., veau.

Nombreuses annotations.

394. Stephani Byzantini gentilia per epitomen, antehac Περι Πολεων, de Urbibus, inscripta, gr. et latine edid. A. Berkelius. Accedunt J. Gronovii variæ lectiones. *Lugduni Batav.*, 1694, 3 part. en 1 vol. in-fol., veau.

395. Stephanus, de Urbibus, quem primus Thomas de Pinedo illustravit, nunc edid. J. Gronovius. *Amstelædami*, 1725, in-fol., veau.

396. Stephani Byzantii ethnicorum quæ supersunt, græce, ex recens. A. Meinekii. *Berolini*, 1849, in-8, d.-r.

397. Stephani Byzantii εθνιχων quæ supersunt, edid. A. Westermann. *Lipsiæ*, 1839, in-8, br.

398. Lucæ Holstenii Notæ et Castigationes postumæ in Stephani Byzantii ΕΘΝΙΚΑ, quæ vulgo περι πολεων inscribuntur, edid. Th. Ryckius. *Lugd. Batav.*, 1684, in-fol., veau.

399. Stobæi Florilegium, græce. *Lipsiæ*, 1838, 3 vol. in-18, dem.-rel.

400. Strabonis rerum geographicarum Libri XVII, græca recens., annotationibus illustrav., Xylandri versionem emendavit J.-P. Siebenkees. *Lipsiæ*, 1796-1818, 7 vol. in-8, d.-r.

401. Suidas. Emendationes in Suidam et Hesychium et alios lexicographos græcos, scripsit J. Toup. *Oxonii.* 1790, 4 vol. in-8, d.-r.

402. Synesius, Cyren. episc., Hymni X, græce. *Paris*, 1570, pet. in-8, veau.

    Ens. Apollinarii Interpretatio psalmorum versibus heroicis, gr. *Paris*, 1580.

403. Synesii Cyrenæi episcopi Epistolæ, græce et latine. *Paris*, 1605, in-8, veau, petits fers.

404. Synesii episcopi Cyrenes Opera quæ extant omnia, græce et latine, interprete Dion. Petavio. *Lutetiæ*, 1612, in-fol., vélin.

    Annotations.

405. Synesii Cyrenæi calvitii Encomium, recens., interpret. germanica instruxit J. G. Krabingerus. *Stuttgart*, 1834, in-8, d.-r.

406. Eloge de la chevelure, discours inédit d'un auteur grec anonyme, en réfutation de l'Eloge de la calvitie par Synésius, publié par E. Miller. *Paris*, 1840, in-8, d.-r.

407. Tatii Achillis de Leucippes et Clitophontis Amoribus, græce et latine, cum notis edid. F. Jacobs. *Lipsiæ*, 1831, 2 vol. in-8, d.-r.

408. Tertulliani Septimi Florentis liber de Pallio, cum interpretatione et notis Theod. Marcilii. *Paris*, 1614, pet. in-8, vélin.

409. Themistii Euphradæ Orationes XVI, gr. et lat. nunc pri-

mum editæ, interpr. D. Petavio. *Flexiæ*, 1613, 2 part. en
1 vol. in-8, vél., tr. dor.

410. Themistoclis Epistolæ, græce edid. J. C. Bremer. *Lemgo-
viæ*, 1776, in-8, d.-r.

411. Theocriti, Moschi, Bionis, Simmii quæ extant, gr. et lat.
opera Dan. Heinsii. *Ex. Bibliopolio Commeliniano*, 1604,
in-4, vél.

412. Theocriti Reliquiæ, græce et latine, edid. Th. Kiessling.
Lipsiæ, 1819, in-8, d.-r.

413. THEOCRITUS. Codicum mss. ope recensuit et emendavit
C. Wordsworth. *Cantabrigiæ*, 1844, in-8, cart.

414. Poetæ bucolici et didactici, Theocritus, Bion, Moschus,
Phile, Aratus, etc., gr. et lat. *Paris, Didot*, 1846-51, 2 vol.
gr. in-8, br.

415. ADERT. Théocrite. *Genève*, 1843, in-8, br. — Scholiorum
Theocriteorum pars inedita. *Turici*, 1843, in-12, br.

416. Theodoreti, episcopi Cyrensis, græcarum affectionum
curatio, recens. Th. Gaisford. *Oxonii*, 1839, in-8, perc.

417. Sancti Theodori Studitæ Epistolæ, aliaque scripta dog-
matica, græce et latine, pleraque J. Sirmondo interprete.
Venetiis. 1728, in-folio, cart.

418. Theodori Gazæ Introductionis grammaticæ libri quatuor,
cum interpret. latina, nuper ab Hercule Girlando Mantuano.
Venetiis, 1527, in-4, cart.

419. Theodori Metochitæ Miscellanea philosophica et historica,
græce, edid. C. G. Müller. *Lipsiæ*, 1821, in-8, d.-r.

420. Theodosii Alexandrini de Grammatica (græce), edid. C.
G. Gœttling. *Lipsiæ*, 1822, in-8, d.-r.

421. Theophanis, archiep. Nicæni, quæ extant Opera, gr. et
lat., D. Consalvo Ponce de Leon interprete. *Romæ*, 1590,
in-8, vél.

422. Theophanis Ceramei archiepisc. Tauromenitani Homiliæ
in evangelia dominicalia et festa totius anni, græce et latine
edita a Fr. Scorso, Panormitano. *Lutet. Paris.*, 1644, in-fol.,
veau (armes).

423. Theophili Antecessoris Paraphrasis græca institutionum
cæsarearum gr. et lat. cum notis varior. edid. G. O. Reitz.
Hagæ Com., 1751, in-4, cart.

424. Theophili Protospatharii de corporis humani Fabrica,
græce et latine cura G.A . Greenhill. *Oxonii*, 1842, in-8,
perc.

425. Theophrasti. primum quidem Platonis, mox Aristotelis
discipuli Opera, græce edid. J. Camerarius. *Basileæ*, 1541,
in-fol., vél.

426. Theophrasti notationes morum Isaac. Casaubonus recensuit, in latinum vertit et comment. illustr. *Lugduni*, 1612, in-8, vél.

427. THEOPHRASTO. Dell' historia delle piante libri tre, tradutti in lingua italiana da Mich. Ang. Biondo, medico. *Vinegia*, 1549, in-12, vél.

428. THÉOPHRASTE. Les Caractères, texte grec et traduction, par Coray. *Paris*, 1799, in-8, d.-r.

429. Theophrasti Caracteres, Marcii Antonini Commentarii Epicteti Dissertat., etc., edid. Fr. Dûbner. *Paris, Didot*, 1840, gr. in-8, d.-mar.

430. Theophrasti Opera, græce et latine, cura F. Wimmer. *Paris, Didot*, 1866, gr. in-8, br.

431. Thomæ magistri sive Theoduli Monachi Ecloga vocum atticarum, rec. F. Ritschel. *Halis Sax.*, 1832, in-8, d.-r.

432. TZETZÆ (J.). Historiarum variarum Chiliades, græce edid. Th. Kiessling. *Lipsiæ*, 1826, in-8, d.-r.

    Ex. de travail, annoté.

433. Xenophontis quæ exstant, recensuit et interpretatus est J. G. Schneider. *Lipsiæ*, 1805-38, 5 vol. in-8, d.-r.

434. XENOPHON. Las Obras de Xenophon traslados de griego en castellano, por el secretario Diego Gracian, divididas en tres partes. *Salamanca*, 1552, in-fol., goth., veau.

    Edition fort rare.

435. XÉNOPHON. De l'Équitation, traduit en français, par le baron de Curnieu. *Paris*, 1840, in-8, br.

436. Lexicon Xenophonteum. *Lipsiæ*, 1801, 4 vol. in-8, d.-r.

437. DOULCET (H.). Quid Xenophonti debuerit Flavius Arrianus. *Paris*, 1882, in-8, br. — L'Apologie d'Aristide et l'Epitre à Diognète. 1880, in-8, br.

438. Ζηνοβιου μετρικης Βιβλια 2. *Vienne*, 1803, in-8, bas.

    Avec un supplément et des gravures dans le texte.

439. Zosimi Historiæ, græce et latine, cum notis G. Heynii. *Lipsiæ*, 1784, in-8, cart.

AUTEURS GRECS

RECUEILS, MÉLANGES ET EXTRAITS

440. Septem Sapientum Apophtegmata, consilia et præcepta, græce et latine per J. Othonem Brugensem. *Antverpiæ*, 1570, in-12, cart.

441. Anecdota, quæ ex Ambrosianæ Bibliothecæ codicibus nunc primum eruit L.-A. Muratorius. *Neapoli*, 1776, 5 tom. en 3 vol. in 4, vélin.

442. Anecdota græca e reg. paris. et e veneta S. Marci bibliothecis deprompta, edid. J.-B.-C. d'Ansse de Villoison. *Venetiis*, 1781, 2 tom. en 1 vol. in-4, d.-r.

443. Anthologia græca, sive poetarum græcorum Lusus, ex recens. Brunckii, edid. Fr. Jacobs. *Lipsiæ*, 1794-1814, 13 tom. en 11 vol. in-8, d.-r.

444. Anthologia græca, ad fidem codicis olim Palatini nunc Parisini, ex apographo Gothano edita, cur. Fr. Jacobs. *Lipsiæ*, 1813-17, 3 vol. in-8, d.-r.

445. Anecdota græca Imm. Bekkeri. *Berolini*, 1814-21, 3 vol. in-8, veau ant.

446. Anecdota græca, desc. Lud. Bachmann. *Lipsiæ*, 1828, 2 vol. in-8, veau ant.

447. Anthologia græca ad Palatini codicis fidem edita. *Lipsiæ*, 1829, in-18, d.-v. f.

448. Ανεκδοτα. Anecdota græca e codicibus regiis descripsit, annotat. illustravit J. Fr. Boissonade. *Paris*, 1829-1833, 5 vol. gr. in-8, d.-mar.

449. Anecdota nova, græce edid. J. F. Boissonade. *Paris*, 1844, in-8, d.-r.

450. Anecdota græca, e codd. manuscriptis Bibliothecarum Oxoniensium descripsit J.-A. Cramer. *Oxonii*, 1835-1837, 4 vol. in-8, perc.

451. Anecdota græca, e codd. manuscriptis Bibliothecæ regiæ Parisiensis, edidit J.-A. Cramer. *Oxonii*, 1839, 4 vol. in-8, perc.

452. Anecdota græca edid. P. Matranga. *Romæ*, 1850, 2 vol. in-8, d-.v.

453. Anthologia polyglotta, a selection of versions in various languages chiefly from the greek anthology, by H. Wellesley. *London*, 1849, in-8, perc.

454. Piccolos (N.). Supplément à l'anthologie grecque, contenant des épigrammes et autres poésies légères inédites. *Paris*, 1853, in-8, d.-r.

455. Sylloge epigrammatum græcorum ex marmoribus et libris collegit et illustravit F. Th. Welcker. *Bonnæ*, 1828-1829, 2 part. en 1 vol. in-8, fig., d.-r.

456. Epigrammatum Anthologia Palatina, gr. et lat. ed. Fr. Dübner. *Paris, Didot*, 1864-1872, 2 vol. gr. in-8, br.

457. Morelli (J.). Bibliotheca manuscripta græca et latina. Tome I (seul paru). *Bassani*, 1802, in-8, d. r.

458. Fabricii (J. Alberti). Bibliotheca græca, sive Notitia scriptorum veterum Græcorum, etc. *Hamburg*, 1790-1809, 12 vol. in 4, d.-mar. rouge, tète dor. — Index in J.-A. Fabricii Bibliothecæ græce editionem G. C. Harlesii. *Lipsiæ*, 1838, in-4, br.

459. Προδρομος ελληνικης βιβλιοθηκης. Elien, Héraclide, Nicolas Damascène. *Paris*, in-8, br.

460. Miller (E.). Mélange de littérature grecque contenant un grand nombre de textes inédits. *Paris*, 1868, in-8, br.

461. Auctores græci minores. Hellanicus, Demetrius Cydonius, Liberalis, Psellus, græce et latine. *Lipsiæ*, 1796, 2 vol. in-8, d.-r.

462. Excerptorum Constantini de Natura animalium libri duo. — Aristophanis Historiæ animalium Epitome, etc., edidit S. P. Lambros. *Berolini*, 1885, in-8, br.

463. Poetæ græci christiani una cum homericis centonibus ex Sanctorum Patrum operibus collecti. *Lutetiæ Paris*, 1709, pet. in-8, vél.

464. Historiæ poeticæ Scriptores antiqui. Apollodorus, Conon, Ptolemæus, Parthenius, Antoninus, Liberalis, græce et latine. *Paris*, 1675, in-8, veau, tr. dor.

465. Opuscula mythologica, physica et ethica, græce et latine (ed. Thomas Gale). *Amstelædami*, 1688, in-8, veau.

466. Μυθογραφοι. Scriptores poeticæ historiæ græci, edid. A. Westermann. *Brunswigæ*, 1843, in-8, d.-r.

467 Erotici scriptores, gr. et latine. *Paris, Didot.* 1856, gr. in-8, br.

468. Dindorfii (G.). Grammatici græci. Vol. I. *Lipsiæ*, 1823, in-8, d.-r.

469. Epistolia, dialogi breves, oratiunculæ, poematia, ex variis utriusque linguæ scriptoribus, ed. H. Stephanus. *Paris*, 1577, in-8, vél.

470. Oratorum græcorum, quorum princeps est Demosthenes, quæ supersunt, Monumenta ingenii, cum commentar. edid. J. J. Reiske. *Lipsiæ*, 1770-1773. 8 vol. in-8, d.-r.

471. Oratores attici, edider. G. Buiteras et Herm. Sauppius. *Turici*, 1838-1842, 8 fasc. in-4, en feuilles.

472. Parœmiographi græci, edid. Th. Gaisford. *Oxonii*, 1836, in-8, d.-mar.

473. Corpus Parœmiographorum, græcorum edid. E. L. a Leutsch et Schneidewin. *Gottingæ*, 1839-1851, 2 vol. in-8, br.

474. Fragmenta comicorum græcorum, collegit A. Meineke. *Berolini*, 1839-1840, 3 vol. in-8, d.-r.

475. Epistolæ græcanicæ mutuæ antiquorum rhetorum, oratorum, philosophorum, etc., latinilate donata. a Jac. Cujacio.
Aureliæ Allobrogum, 1606, in fol., veau.

476. Epistolographi græci, gr. et lat., cura R. Hercher. *Paris*,
Didot, 1873, gr. in-8, br.

477. Scriptores rerum mirabilium græci, edid. A. Westermann. *Brunswigæ*, 1839, in 8, d.-r.

478. Βιογραφοι. Vitarum scriptores græci minores, edid. A. Westermann. *Brunswigæ*, 1845, in-8, d.-r.

479. Theatrum Geographiæ veteris duobus tomis distinctum,
in quo C. Ptolemæi Alexandr. Geographiæ lib. VIII, gr. et
lat., edente Petro Bertio Bevero. *Amstelodami*, 1618-1619,
2 tom. en 1 vol. in-fol., veau, cartes.

480. Geographiæ veteres Scriptores græci minores, cum interpr.
latina et dissertationibus. *Oxoniæ*, 1698-1703, 2 vol. in-8,
vél.

481. Fragments de poèmes géographiques de Scymnus de Chio
et du faux Dicéarque, restilués par Letronne. *Paris*, 1840,
in-8, d.-r.

GREC MODERNE

482. RANGABÉ. Grammaire abrégée du grec actuel, *Paris*,
1873, in-8, br.

483. NICOLAS SOPHIANOS. Grammaire du grec vulgaire, publiée
par E. Legrand. *Paris*, 1874, in-8, br.

484. LEGRAND (E.). Grammaire grecque moderne, suivie du
panorama de la Grèce de Soutsos. *Paris*, 1878, in-8, br.

485. CHASSANG. Nouvelle grammaire grecque. *Paris, Garnier*,
in-8, cart.

486. NICOLAIDÈS. Σειρα πληρης γαλλικης γραμματικης. Grammaire
française à l'usage des Grecs. *Paris*, 1882, gr. in-8, de
541 pages, d.-mar., tr. dor.

487. SCARLATOS. Dictionnaire grec moderne expliqué en grec
ancien et en français. *Athènes*, 1874, in-12, cart.

488. PÉRIDÈS. Diccionario greco-italiano. *Athènes*, 1878, 2 vol.
in-12, br.

489. LEGRAND (Em.). Nouveau dictionnaire grec moderne français. *Paris, Garnier*, in-18, perc.

490. DEVILLE (G.). Etude du dialecte Tzaconien. *Paris*, 1866,
in-8, br.

491. DEFFNER. Das Zaconische. — Geschichte d. griechischen
Casus. — Glossar d. ofitischen Dialectes, etc. 6 broch. in-8.

492. Dossios (N.). Beitræge zur neu-griechischen Wortbildungslehre. *Zürich*, 1879, in-8, br. — Der Aberglaube bei den heutiger Griechen. *Freiburg*, 1878, in-8, br.

493. Blancard (J.). Le grec moderne enseigné à l'aide de la grammaire grecque de Burnouf. — Le grec moderne. — L'Epire et la Thessalie. 3 br. in-8.

494. Budæi epistolæ græcæ, per A. Pichonium latinæ factæ. *Paris*, 1574, in-4, dérelié.

495. Scaligeri (Jos.) Opuscula diversa græca et latina. *Parisiis*, 1605, in-8, vél.

496. Bikélas (D.). Traductions de Shakespeare, Hamlet, Le Marchand de Venise. *Athènes*, 1882-1884, 2 vol. in-8. — Στιχοι. *Athènes*, 1885, in-12. — Περι βυζαντινων. *London*, 1874, in-8. Ens. 4 vol. br.

497. Skakespeare. Hamlet, trad. en grec par Bikélas. *Athènes*, 1882, in-8, br.

498. Skakespeare. Roméo et Juliette, Othello, le Roi Lear, traduits en grec par D. Bikélas. *Athènes*, 1876, in-8, br.

499. Wyndham. Le Médecin malgré lui de Molière, traduit en grec moderne. *Paris*, 1875, in-8, br.

500. Histoire de Imberios et Margarona, texte grec publié par G. Wagner. *Paris*, 1874, in-8, br.

501. Trois poèmes grecs du moyen âge inédits, recueillis par W. Wagner. *Berlin*, 1881, in-8, port., br.

502. Coray (A.). Œuvres publiées en grec par André Mamouka. Tome I. *Athènes*, 1881, in-8, br.

503. Coray. Lettres, traduites par le marquis de Queux de Saint-Hilaire. *Paris*, 1880, in-8, br.

504. Vlachos (A.). Comédies, en grec moderne. *Athènes*, 1871, in-12, d.-r.

505. Μελεται περι των χριστιανων απολογητων του δευτερου και τριτου αιωνος, υπο ιγν. Μοσχακη. *Athènes*, 1876, in-8, br.

506. Paparrigopoulos (K.). Résumé de l'histoire du peuple grec (en grec). *Athènes*, 1877, in-8, br.

507. Mavrocordato (Alexandre), του εξ Απορρητων επιστολαι Ρ', εκδεδονται επιστασια Ο. Λιβαδα. *Trieste*, 1879, gr. in-8, portr., br.

508. Jacovary Rizos Néroulos. Poèmes inédits publiés par le marquis de Queux de Saint-Hilaire. *Paris*, 1876, in-8, br.

508 *bis*. Les mêmes, traduits en français par T. Blancard. *Paris*, 1879, in-12, br.

509. Sathas (C.). Ελληνικα ανεκδοτα. *Athènes*, 1867, 2 vol. in-8, br.

510. Sathas. Ouvrages divers en grec. Biographie du patriarche Ieremios B. (1572-1594). — Philologie néohellénique. — Recherches historiques. — Χρονικὸν ανεκδοτον Ταλαξειδιου. Ens. 5 vol. in-8, br.

511. Sathas (C.). Bibliotheca graeca medii aevi. *Venise*, 1872-1877. 6 vol. in-8, br.

512. Sathas (C.). Κρητικὸν Θέατρον ἢ ἱστορικὸν δοκίμιον περὶ τοῦ θεάτρου καὶ τῆς μουσικῆς τῶν βυζαντινῶν. Essai historique sur le théâtre et la musique des Byzantins, suivi d'un Recueil de comédies inédites (xvi° et xvii° siècles). *Venise*, 1879, 2 vol. in-8, br.

513. Sathas. (C.). Documents inédits relatifs à l'Histoire de la Grèce au moyen âge. Tome I. Documents tirés des Archives de Venise (1400-1500). *Paris*, 1880, gr. in-8, portulan, br.

514. Phortios (Léonard). Poème sur l'art militaire, publ. en grec par E. Legrand. *Venise*, 1871, in-8, br.

515. Bibliothèque grecque vulgaire, publiée par Emile Legrand. *Paris*, 1880-1881, 3 vol. gr. in-8, br.

516. Recueil de poèmes historiques en grec vulgaire relatifs à la Turquie et aux Principautés Danubiennes, publiés et traduits par Em. Legrand. *Paris*, 1877, in-8, br.

517. Documents inédits (grecs) sur l'histoire de la Révolution française. Correspondances publiées par J. Lair et E. Legrand. *Paris*, 1872, in-8, br.

518. Histoire de Tagiapiera, poème grec de Trivolis publ. et traduit par E. Legrand. *Paris*, 1875, in-8, br.

519. Paspati. Βυζαντιναι μελεται τοπογραφικαι και ιστορικαι. *Constantinople*, 1877, gr. in-8, br., avec nombr. gravures.

520. Collection de romans grecs en langue vulgaire et en vers publiés par Sp. Lambros. *Paris*, 1880, in 8, br.

521. Ατοιδες αυραι Συλλογη ποιηματων Γεωργ. M. Βιζηνου. *London*, 1884, in-8. perc.

522. Ιουλιανος ο παραβατης, poème dramatique en cinq parties, par C. Rangabé. *Athènes*, 1877, in-8, br.

523. Rangabé (K.). Θεοδωρα. Theodora, poème dramatique en 5 parties. *Leipsig*, 1884, in-4, cart. dor. Edition de luxe illustrée.

524. Φιλομουσου παρεργα. Choix de poésies en différentes langues avec traduction en grec moderne. *Paris*, in-8, d.-r.

525. Recueil de Contes populaires grecs traduits par Em. Legrand. *Paris*, 1881, in-18, br. — Juliette Lamber. Poètes grecs contemporains. *Paris*, 1881, in 18, br.

526. Ouvrages en grec moderne et grec ancien. 8 vol. in-18,
br.

> Bikélas, Loukis Laras. — Nicolaïdès. Liturgie. — Piccolos.
> Fragments de Bernardin de Saint-Pierre. — Theocharopoulos. La
> Charte constitutionnelle. — Anacreontis Carmina. *Argentorati,* 1786.

527. Ouvrages en grec moderne. 6 vol. in-8, br.

> Vie de Constantin Carathéodory. — Biographie de l'archevêque
> Eug. Bulgari. — Bergotès. Recherches historiques. — Synodes
> helléniques, première session. — Arabantinos. Poésies, etc.

528. Ouvrages en grec moderne. 67 volumes et brochures.

> Ce lot pourra être divisé.

529. Ouvrages divers en grec moderne. 20 vol. et br.

OUVRAGES RELATIFS A LA GRÈCE ET A LA LITTÉRATURE GRECQUE

530. BOURGAULT-DUCOUDRAY. Modalité dans la musique grecque.
— Mission musicale en Grèce et en Orient. 2 br.

531. CAFFIAUX. De l'Oraison funèbre dans la Grèce païenne.
Valenciennes, 1861, in-8, br.

532. CHASSIOTIS (G.). L'Instruction publique chez les Grecs
depuis la prise de Constantinople jusqu'à nos jours. *Paris,*
1881, in-8, cartes col. et tabl., br.

533. CREUZER (F.). Meletemata et Disciplina antiquitatis.
Lipsiæ, 1817, in-8, d.-r.

534. DES ESSARTS (E.). L'Hercule grec. *Paris,* 1871, in-8,
br.

535. DONALDSON (J.-G.) Histoire de la philolophie grecque ancienne, traduite en grec, par J.-N. Valetta. *London,* 1871,
2 vol. in-8, perc.

536. MAXIME DU CAMP. L'Emplacement de l'Ilion d'Homère.
Paris, 1876, in-8, br.

> Pas dans le commerce.

537. DUMONT (Albert). Essai sur la chronologie des Archontes
athéniens postérieurs à la 122e Olympiade. *Paris,* 1870,
in-8, br., tableaux.

538. EMMIUS (U.). Vetus Græcia illustrata. *Lugd. Batav.,*
1626, 3 tom en 1 vol. in-8, cart.

> Avec la signature de V. Cousin.

539. GIRARD (J.). Un Procès de corruption chez les Athéniens.
Démosthène dans l'affaire d'Harpale, 1862, in-8, br. —
Authenticité de l'oraison funèbre attribuée à Lysias. Ens.
2 br.

540. GIRARD (J.). Le Sentiment religieux en Grèce, d'Homère à Eschyle. *Paris*, 1869, in-8, br.

541. GIRARD (Jules). Études sur la poésie grecque. *Paris*, 1884, in-18, br. — Essai sur Thucydide. 1884, in-18, br.

542. Græcorum siglæ lapidariæ a Marchione S. Maffeio collectæ atque explicatæ. *Veronæ*, 1746, in-12, cart.

543. Holsteini (Luc.) Epistolæ ad diversos, quas collegit J. F. Boissonnade. *Paris*, 1817, in-8, veau rac.

544. MARCELLUS (De). Épisodes littéraires en Orient. *Paris*, 1851, 2 vol. in-8, br.

545. Martini (Bern.) Variarum lectionum Libri quatuor, in quibus melioris notæ autores, tum græci, tum latini explicantur. *Paris*, 1605, in-12, vél.

546. MORAITINIS (P.-A.) La Grèce telle qu'elle est. *Paris*. 1877, in-8, br.

547. DE MURR. De Papyris seu volum. græcis Herculanensibus, etc. *Argentorati*, 1804, in-4, cart.

548. NEROUTSOS. Epigraphie de l'antique cité d'Alexandrie. en grec. *Athènes*, 1875, in-8, br.

549. Porsoni (Ric.) Adversaria notæ et emendationes in poetas græcos. *Lipsiæ*, 1814, in-8, br.

550. PSICHARI (J.). Essai de phonétique néo-grecque. — La Ballade de Lénore en Grèce. — La Science et les Destinées nouvelles de la poésie. 3 br. in-8.

551. QUEUX DE SAINT-HILAIRE (Marquis de). 6 mémoires. Traductions et Imitations en grec moderne. — Des Syllogues grecs en Orient et en Europe. — Not. sur G. Wyndham. — Lettres inédites de Coray. — Coumoundouros. — Services rendus à la Grèce par A. Firmin-Didot.

552. RAMBAUD (Alf.). De Byzantino hippodromo et circensibus factionibus. *Paris*, 1870, in-8, br. — Michel Psellos, sa vie et ses œuvres. Br. in-8.

553. SCHLIEMANN (H.). Ithaque, le Péloponnèse, Troie, Recherches archéologiques. *Paris*, 1869, in-8, br., pl.

554. SCHŒLL. Histoire de la littérature grecque profane, depuis son origine jusqu'à la prise de Constantinople par les Turcs. Seconde édition. *Paris*, 1823-25, 8 vol. in-8, portr. d.-v.

555. SECTANI (L.). De tota Græculorum hujus ætatis literatura ad Gajum Salmorium sermones quatuor. *Villagarsiæ*, 1758, in-12, vél.

556. VIDAL-LABLACHE. De Titulis funebribus græcis in Asia Minore. *Paris*, 1872, in-8, br.

557. VOSSII (G. J.). De Historicis græcis libri tres, edid. A. Westermann. *Lipsiæ*, 1838, in-8, d.-mar.

BIBLIOGRAPHIE GRECQUE

558. Bibliotheca Coisliniana, olim Segueriana, sive manuscriptorum omnium græcorum quæ in ea continentur accurata Descriptio, ubi multa annotantur quæ ad palæographiam græcam pertinent. Opera D. Bernardi de Montfaucon. *Parisiis*, 1715, in-fol., fig., veau.

559. Catalogus codicum mss. Bibliothecæ regiæ. Tomus II complectens Codices manuscriptos græcos. *Paris*, 1740, in-fol., veau.

　　Annotations.

560. Regiæ Bibliothecæ Matritensis Codices græci mss. Joannes Iriarte excussit, recensuit, notis, indicibus, anecdotis illustravit. Volumen prius. *Matriti*, 1769, in-fol., bas. rouge dor., tr. dor. (armes). Bel exemplaire sur grand papier.

560 *bis*. Le même, pet. papier, in-folio, veau.

561. HOFFMANN. Lexicon bibliographicum, sive index editionum et interpretationum scriptorum græcorum. *Lipsiæ*, 1832-36, 3 vol. in-8, d.-v.

562. MILLER (E.). Catalogue des manuscrits grecs de la Bibliothèque de l'Escurial. *Paris*, 1848, in-4, mar. rouge à comp., tr. dor.

563. Catalogue des manuscrits grecs de la Bibliothèque impériale. *Saint-Pétersbourg*, 1864, in-8, br., 9 pl.

564. Catalogue des manuscrits de la Bibliothèque de l'Ecole évangélique à Smyrne, par Papadopoulos Kerameus. *Smyrne*, 1877, gr. in-8, br. — Catalogue des mss. τῆς παλαιᾶς Φωκαίας. *Ibid.*, 1876, in-8, br.

　　En grec.

565. GRAUX (C.). Notices sommaires des manuscrits grecs de la grande Bibliothèque royale de Copenhague. *Paris*, 1879, in-8, pl., br.

566. GRAUX (C.). Essai sur les origines du fonds grec de l'Escurial. *Paris*, 1880, in-8, br., pl.

567. LEGRAND (Emile). Bibliographie hellénique, ou Description raisonnée des ouvrages publiés en grec par des Grecs aux XVe et XVIe siècles. *Paris*, 1885, 2 vol. gr. in-8, br.

　　Exemplaire sur grand papier de Hollande, avec portraits ajoutés.

PUBLICATIONS DE CORPS SAVANTS ET DE JOURNAUX GRECS

568. Acta Societatis græcæ, edid. A. Westermann et C.H. Funkhaenel. *Lipsiæ*, 1836-40, 2 tom. en 4 fasc. in-8, br.

569. Société archéologique d'Athènes (Travaux de la), en grec. *Athènes*, 1879-81, 4 vol. in-8, br.

570. Musée et Bibliothèque de l'Ecole évangélique de Smyrne, 1875-78, 3 vol. in-8, br.

Recueil d'inscriptions et de textes.

571. MANUEL GÉDÉON. Χρονικα της πατριαρχικης ακαδημιας (1454-1830). *Constantinople*. 1880, in-8, cart., fig.

572. Ὁ ἐν Κονσταντινουπόλει ελληνικος φιλολογικος συλλόγος. Tome I (1863-64), en 5 part. Tome II (1864-65), 2 fasc. Tome III (1868), 1 fasc. Tome IV (1865-70), 1 vol. Tome V (1870-71), 1 vol. Tome VI (1871-72), 1 vol. Tome VII (1872-73), 1 vol. Tome VIII (1873-74), 1 vol. Tomes X à XIII (1876-81), 4 vol. et 6 suppléments, in-4, br.

573. Επετηρις του ἐν Κονσταντινουπόλει 'Ηπειρωτικου φιλεκπαιδευτικου συλλογου. 1872-74. *Constantinople*, 1873-75, 2 vol. in-8, br.

574. Δελτίον τῆς ιστορικῆς καὶ εθνολογικῆς εταιρίας τῆς Ελλάδος. *Athènes*, 1883-85, 6 fasc. in-8, br., pl.

575. Bulletin de correspondance hellénique. *Paris*, 1877 à 1884, en 8 fasc., 1885, en 6 fascicules in-8, br., planches.

Manquent : 1880, fasc. 6; 1883, fasc. 1.

576. Bibliothèque des Ecoles françaises d'Athènes et de Rome. *Paris*, 1877-85, 42 vol. in-8, br.

Manquent : fasc. 2, 16, 18.

577. Mélanges d'archéologie et d'histoire, publiés par l'Ecole française de Rome. 1881, 1, 2, 5; 1882, 1 à 4; 1883, en 5 fasc.

578. Annuaire de l'Association pour l'encouragement des études grecques en France. *Paris*, 1876-84. Années 4 à 9, 12 à 18, 13 volumes et suppléments in-8, br.

579. Monuments grecs publiés par l'Association pour l'encouragement des études grecques. *Paris*, 1873-82, fasc. 2 à 10 in-4, planches, br.

580. The philological Museum. *Cambridge*, 1831-32, n°s I, II, III, 3 fasc. in-8, br.

581. Journal of hellenic studies. 1880-85, 6 vol. en 10 fasc. in-8, et 10 livr. in-4 de planches.

61 planches en héliogravure, en chromolithog., etc. Collection complète.

582. Ἑστία, journal hebdomadaire publié à Athènes. 1876, 1877 en 4 vol., gr. in-8, cart., 1878, 1879 en numéros.

Quelques numéros manquent.

583. ΠΑΡΝΑΣΣΟΣ. Journal grec mensuel, publié à Athènes, 1877-1885 (mars). En fascicules in-8, br.

Manquent : 1878, janvier; 1884, juin, juillet.

584. PUBLICATIONS DE M. ÉM. MILLER, DE L'INSTITUT.

(Chacun de ces ouvrages sera vendu séparément)

Périple de Marcien d'Héraclée, épitome d'Artémidore, Isidore de Charax, etc., ou Supplément aux dernières éditions des Petits Géographes, d'après le mss. de la Bibl. Royale, avec une carte. *Paris*, 1839, in-8.

Lettre à M. Letronne sur un article du Journal des Savants. 1839, in-8.

Éloge de la chevelure, discours inédit d'un auteur grec anonyme, en réfutation du discours de Synésius intitulé : Eloge de la calvitie, publié d'après un mss. de la Bibl. Royale. 1840, in-8.

Notice sur un manuscrit grec contenant une rédaction inédite des fables d'Esope. 1841, in-4.

Lettres inédites de Malherbe. 1841, in-8.

Le tumulus de Lachdar, province d'Oran. 1844, in-8, fig.

Catalogue des manuscrits grecs de la Bibliothèque de l'Escurial. 1848, in-4.

Manuelis Philæ Carmina ex codd. Escurial. Florent. Paris. et Vaticanis edita. 1855-57, 2 vol. in-8.

Poème allégorique de Meliténiote, d'après un manuscrit grec de la Bibl. Impér., 1857, in-4.

De quelques Marbres antiques envoyés d'Italie au connétable de Montmorency pendant l'année 1555. In-8.

Nouvelles observations sur l'inscription gréco-latine trouvée à Fréjus. In-8.

Inscription grecque nouvellement découverte aux environs d'Athènes. In-8.

Notice sur le manuscrit grec n° 2322 de la Bibl. Imp. contenant le recueil des Ιππιατρικα. 1864. In-4.

De quelques Découvertes littéraires faites dans les Bibliothèques grecques de l'Orient. 1865, in-4.

Bas-reliefs archaïques découverts dans l'ile de Thasos. 1865, in-8.

Inscriptions grecques inédites découvertes dans l'ile de Thasos. In-8.

Sur un Oxybaphon du musée Campana. In-8.

Sur une Inscription grecque en vers découverte à Salonique. In-8.

Fragment inédit de Nicétas Choniate relatif à un fait numismatique. In-8.

Ambassades de Michel Psellus auprès de l'usurpateur Isaac Comnène. 1867, in-4.

Bulles byzantines de la collection de M. le baron B. de Kœhne et de diverses autres provenances. 1867, in-8.

Mélanges de littérature grecque, contenant un grand nombre de textes inédits. 1868, gr. in-8.

Examen du livre de M. Wescher, intitulé : Poliorcétique des Grecs. 1868, in-4.

Pierre Taisand. Lettres inédites de Bossuet et de Mlle de Scudéry. 1869, in-8.

Fragment inédit d'Appien. 1869, in-8.

Inscription grecque trouvée à Memphis. 1870, in-8.

Inscriptions grecques et latines découvertes à Alexandrie, 1871, in-8.

Discours d'ouverture de la séance publique annuelle de l'Académie des Inscriptions et Belles-Lettres. 1872, in-4.

Inscription grecque conservée au musée de la Société archéologique d'Athènes. 1872, in-8.

Poèmes astronomiques de Théodore Prodrome et de Jean Camatène. 1872, in-4.

Mémoire sur une inscription agonistique de Larisse. 1873, in-4.

Préface d'un auteur byzantin. 1873, in-8.

Etude sur Denys de Byzance. 1874, in-4.

Un Poète de la cour des Comnènes. 1874, in-4.

Mélanges de philologie et d'épigraphie. 1re partie. 1876, in-8.

Rapport sur les travaux des écoles d'Athènes et de Rome en 1878. 1879, in-4.

Glossaire grec-latin de la Bibliothèque de Laon. 1880, in-4.

Inscriptions grecques découvertes en Egypte, 1883, in-8.

Fragments inédits de littérature grecque (Ποικίλη ἱστορία, d'Elien). 1883, in-8.

LANGUE LATINE

585. Inscriptionum latinarum selectarum amplissima Collectio, ad illustrandam romanæ antiquitatis disciplinam accommodata, edid. J.-C. Orellius. *Turici*, 1828, 2 vol. gr. in-8, d.-r.

586. Quicherat. Thesaurus poeticus linguæ latinæ. *Paris*, 1840, in-8, d.-mar. (Mouillures.)

587. Quicherat et Daveluy. Dictionnaire latin-français. *Paris*, 1844, in-8, d.-mar.

588. Quicherat. Dictionnaire français-latin. *Paris*, 1867, in-8, cart.

589. Quicherat. Addenda lexicis latinis. *Paris*, 1862, in-8, br.

590. Ammiani Marcellini rerum gestarum Libri XVIII, recogn. J. Gronovius *Lugduni Batav.*, 1693, in-4, pl., vélin.

591. Catullii liber. Les Poésies de Catulle, traduction en vers français par Eug. Rostand. Texte revu avec un commentaire critique, par E. Benoist. *Paris*, 1882, 2 vol. in-12, br.

592. Ciceronis Opera omnia in sectiones, apparatui latinæ locutionis respondentes, distincta. *Genevæ*, 1660, 5 vol. in-4, veau.

593. Los dos libros de las epistolas selectas de M.-T. Ciceron, en latino y castellano. *Valentiæ*, 1777, in-8, vél.

594. Ciceronis (M.-T.). Librorum de Republica quantum superest in palimpsesto Bibliothecæ Vaticanæ præcipue repertum, ordinavit et prolegomenis Scholiis illustratum edidit Ang. Maius. *Romæ*, 1846, in-8, cart., n. rogn.

595. Ciceronianum Lexicon græco latinum, id est Lexicon ex variis græcorum Scriptorum locis a Cicerone interpretatis item loci græcorum auctorum cum Ciceronis interpretationibus. *Aug. Taurin.*, 1743, in-8, d.-r.

596. Claudien. Œuvres complètes, traduites en français pour la première fois. *Paris*, an VI, 2 vol. in-8, veau rac.

597. Cornelii Nepotis Vitæ excellentium imperatorum cum J.-A. Bosii animadv., varias lectiones addidit J.-F. Fischer. *Lipsiæ*, 1806, in-8, br.

598. Otto Vænius. Bygedichten zinnebeelden nit Horatius. *Amsterdam*, 1682, in-12, dér.

599. Martial (Val.). Épigrammes latines et françaises (par D. Volland). *A Paphos* (Paris, 1807), 3 vol. in-8, veau rac.

600. Epistole heroides Ovidii, antea impressorum omnium vitio supervacanæ, mendosæ et difficiles. Nunc vero temporis a viro docto expolitæ, recognitæ et emendatæ... Cum adnotat. Antonii Volsci et Ubertini Crescentinatis, etc. *Impressum Venetiis, per Augustinum de Zannis de Portefio*, anno 1510, in-fol., veau, nombr. fig. sur bois.

   Édition rare, ornée de très curieuses gravures sur bois correspondant au sujet de chacun des chapitres.

601. Les Fabulistes latins depuis le siècle d'Auguste jusqu'à la fin du moyen âge, par Léopold Hervieux. Phèdre et ses anciens imitateurs directs et indirects. *Paris*, 1884, 2 forts vol. in-8, br.

602. Pline. L'Histoire du monde de C. Pline Second, collationnée et corrigée sur plusieurs vieux exemplaires latins, tant imprimez qu'escrits à la main... le tout mis en françois par Antoine de Pinet, seigneur de Noroy. *A Lyon*, 1566-1581, 2 vol. in-fol., veau rouge à comp. dorés.

603. Salmasii (Cl.). Plinianæ exercitationes in Caii Julii Solyni Polyhistora; item Caii Julii Solyni Polyhistor ex veter. libris emendatus. *Paris*, 1629, 2 vol. in-fol., veau.

604. Pomponio Mela. Compendio geographico i historico de el orbe antiguo, restituido a la suia española, de la libreria de don Jusepe Antonio Gonzalez de Salas. *Madrid*, 1644, in-4, parch.

605. Pomponii Melæ libri tres de Situ orbis, cum observat. Is. Vossii. Edit. sec. *Franekeræ*, 1700, in-8, fig., vél.

606. Propertii (Sex.-Aur.). Elegiarum libri quatuor, curis J. Bronkhusii. *Amstelædami*, 1727, in-4, veau.

607. Quinto Curcio Rufo, de la Vida y Acciones de Alexandro el Grande, traducido en español por don Matheo Ibañez de Segovia. *Madrid*, 1723, in-fol., vél.

608. Rutilius. Itinéraire de Rutilius Claudius Namatianus, ou son retour de Rome dans les Gaules, poème. Texte latin et trad. franç. par Collombet. *Paris*, 1842, in-8, br.

609. Comentarios politicos à los Annales de Cornelio Tacito, por don Juan Alonso de Lancina. *Madrid*, 1687, in-4, veau.

610. Taciti (C. Cornelii) Opera recognov., emendav. G. Brotier. *Londini*, 1812, 5 vol. in-8, cart.

611. Terentii Comœdiæ ad optim. exempl. fidem recensitæ. *Londini*, 1751, 2 vol. gr. in-8, veau, tr. dor. (Belle édition.)

612. Virgile. Œuvres. Texte latin et commentaire critique, par E. Benoist. *Paris*, Hachette, 1876-1880, 3 vol. in-8, br.

613. Jacobi Wimpfelingii Schetstatentis elegantiarum Medulla : Oratoriaque precepta in ordinem inventu facilem, copiose, clare, breviterque reducta. *Impressum Spyre per Conradum*, 1508, in-4, gothiq., br.

614. Tragicæ comicæ actiones a regio artium collegio Societatis Jesu datæ Conimbricæ in publicum theatrum. *Lugduni*, 1605, in-8, veau.

615. Menagii Poemata. *Paris*, 1680, in-12, veau.

LANGUES EUROPÉENNES

616. D'Arbois de Jubainville. Études grammaticales sur les langues celtiques, 1re partie. Phonétique et dérivations bretonnes. *Paris*, 1881, in-8, br.

617. D'Arbois de Jubainville. Le Cycle mythologique irlandais et la Mythologie celtique. *Paris*, 1844, in-8, br.

618. Firmin-Didot (Amb.). Observations sur l'orthographe ou Orthographie française. 2e édit. *Paris*, 1868, in-8, br.

619. Paris (Gaston). Étude sur le rôle de l'accent latin dans la langue française. *Paris*, 1862, in-8, br.

620. Paris (Gaston). De Pseudo-Turpino. *Paris*, 1865, in-8, br.

621. La Chanson de Roland, texte critique, traduction et commentaire, par Léon Gautier. *Tours*, 1875, in-8, cart.

622. Chanson de Roland, texte critique, traduction et commentaire, par Léon Gautier. *Tours*, 1884, in-12, br.

623. Les Épopées françaises, étude sur les origines et l'histoire de la littérature nationale. I. *Paris*, 1878, gr. in-8, br.

624. Delisle (Léopold). Poème attribué à Adèle, fille de Guillaume le Conquérant, par Baudri, abbé de Bourgueil. *Caen*, 1871, in-4, br.

625. Dialogues des devises d'armes et d'amours du S. Paulo Jovio. Traduit d'italien. *Lyon*, 1561. — Les Devises ou Emblèmes héroïques et morales inventées par le sieur Gabriel Siméon. *Lyon*, 1561, 2 tom. en 1 vol. in-4, veau, figures.

626. Le livre des Cent Ballades, contenant des conseils à un chevalier pour aimer loialement, et les responses aux ballades, publié par le marquis de Queux de Saint-Hilaire. *Paris*, 1868, in-8, pap. vergé, br.

627. Magnin. Les Origines du théâtre moderne, tome I (seul paru). *Paris*, 1838, in-8, br.

628. Chassang (A.). Des Essais dramatiques imités de l'antiquité au xive et au xve siècle. 1852, in-8, br. — Des Romans dans l'antiquité grecque et latine. 1860, in-8, br.

629. Écrits inédits de Saint-Simon, publiés par Faugère. Tome I : Parallèle des trois premiers rois Bourbons. Tomes V et VI : Notes sur les duchés-pairies, etc. *Paris*, 1880-1883, 3 vol. in-8, br.

630. Lettres de Jean Chapelain, de l'Académie française, publiées par Ph. Tamizey de Larroque. *Paris*, 1880-1883, 2 vol. in-4, cart.

631. Baron. Théâtre. *Paris*, 1759, 3 vol. in-12, veau.

632. Reiff. Grammaire française-russe, publiée par Leger. *Paris*, 1868, in-8, br.

LITTÉRATURE ESPAGNOLE

633. Oratio de religiosos y exercicio de virtuosos, compuesto por el illustre señor don Antonio de Guevara de buena memoria, *Valladolid*, 1546, in-fol., gothiq. — La primera parte del libro llamado Monte Calvario, compuesto por Antonio de Guevara. Trata el auctor en este libro todos los mysterios del Monte Calvario... trae el auctor muchas prophecias, expone grandes figuras alega muchas auctoridades, etc. *Valladolid*, 1546, in-fol., goth., titre rouge et noir. En un vol. vél.

634. Elegancias romancadas por el Maestro Antonio de Nebrixa. *Antiquariæ*, 1576, in-4, br. (Incomplet de la fin.)

635. Choul (G. de). Los discursos de la religion, castramentacion, assiento del campo, baños y exercicios de los antiguos Romanos y Griegos. Traduzido en castellano por Balth. Perez. *En Leon*, 1579, in-4, parch., nombr. figures.

636. Universal Redempcion, passion, muerte y resurrection de nuestro Redemptor y Salvador Jesu Christo, y angustias de su santissima madre, compuesto en instancias por Francisco Hernandez, clerigo presb. *Toledo*, 1589, in-4, grav. sur bois, vélin. (Manque le titre.)

637. Obras de don Luys Carrillo y Sotomayor. *En Madrid*, 1611, in-4, parch.

638. Inigo de Aguirre. Proverbios morales, enigmas filosoficas y morales. Catorce proposiciones. *Madrid*, 1617, in-4, vél. (Manque le titre et les ff. 207-208.)

639. Ilustracion y defensa de la fabula de Piramo y Tisbe, compuesta por D. Luis de Gorgora y Argote, escrivialas Christoval de Salazar Mardones. *Madrid*, 1636, in-4, veau.

640. Lope de Vega. Fama posthuma a la vida y muerte del doctor frey Lope Felix de Vega Carpio, y elogios panegiricos a la immortalidad de su nombre. *Madrid*, 1636, in-4, veau.

641. Discursos politicos y avisos del Parnasso de Trajano Boralini, cavallero romano, traduxolos Fernando Perez de Souza *En Huesca*, 1640, in-4, parch.

642. Heraclito i Democrito de nuestro siglo, descrivese su legitimo filosofo. Dialogos morales sobre la nobleza, la riqueza, i ias letras. Por Antonio Lopez de Vega. *Madrid*, 1641, in-4, vélin.

643. Vida, excelencia y muerte del glorios. Patriarcha y esposo de Nuestra Señora San Joseph (poema in 24 cantos), por el Maestro Joseph de Valdivielso. *En Lisboa*, 1654, pet. in-8, vél.

644. Idea de un principe politico christiano representada en cien empressas, por don Diego de Saavedra Faxardo. *En Valencia*, 1655, in-4, vél.

645. Selva Sagrada d'el Conde don Bernardino de Rebolledo, señor de Irian. En *Colonia Agrippina*, 1657. — Selvas danicas. *Coppenhagen*, 1655. — La constancia victoriosa, egloga sacra, etc. En un volume in-4, veau, beaux frontispices et portraits.

646. El Parnasso español y musas castellanas de don Francisco de Quevedo Villegas, corregidas y emendadas por el doctor Amuso Cultifragio, academico ocioso de Lobaina. *En Madrid*, 1659, in-4, vél., fig.

647. Passion de l'hombredios, referida y ponderada en decimas españolas, por el maestro Juan d'Avila. *En Leon de Francia*, 1661, in-fol., fig., parch. (Taché.).

648. Obras de don Luis de Ulloa Pereira, prosas y versos, recogidas por D. Juan Antonio de Ulloa Pereira. *Madrid*, 1674, in-4, veau.

649. Poemas de la unica poetisa americana, musa dezima, Soror Juana Ines de la Cruz, religiosa professa en el monasterio de San Geronimo de la imperial ciudad de Mexico. *En Zaragoza*, 1692, in-4, vél.

650. Obras posthumas de poesia escritas por don Eugenio Coloma. *Madrid*, 1702, in-4, vél.

651. Academias morales de las Musas, dirigidas al gloriosissimo santo y nuevo Apostol de las Indias S. Francisco Xavier, por Antonio Enriquez Gomez. *Barcelona*, 1704, in-4, veau.

652. Ramillete poetico de las discretas flores del ameniss. numen del dotor D. Joseph Taballa Negrete. *Zaragoça*, 1706, in-4, vél.

653. Varios prodigios de amor, en once novelas exemplares, nuevas, nunca vistas, ni impressas, las cinco sin unas de las cinco letras vocales, y las otras de gusto, y apacible entretinimiento, compuestas por differentes autores, recogidas por Isidoro de Robles. *Barcelona*, 1709, in-4, vél.

Parmi les nouvelles, citons les suivantes : *Los dos Soles de Toledo,* dans laquelle la lettre *a* ne se trouve pas. — *La Carroza con las damas,* sans la lettre *e.* — *La Perla de Portugal,* sans la lettre *i.* — *La Peregrina hermitana,* sans la lettre *o.* — *La Serrana de Cintia,* sans la lettre *u,* etc.

655. Historia de la ciudad de Compluto vulgarmente Alcala de Santiuste y aora de Henares parte I. Su autor D. Miguel de Portilla. *Alcala*, 1725, in-4, dérelié. (Déchirure au titre et à la dernière page.)

656. Letargo mejoria, verdadero, juicioso Testamento y repartimiento de los bienos de don Diego de Torres. *Madrid*, 1727, in-12, br.

657. Obras liricas y comicas, divinas y humanas, con la celestial ambrosia del admirable poema sacro de Maria Santissima, de D. Antonio Hurtado de Mendoza. Segunda impression. *Madrid*, 1728, in-4, vél.

658. El Parnasso español, monte en dos cumbres dividido, con las nueve musas castellanas, donde se contienen poesias de don Francisco de Quevedo Villegas. *Madrid*, 1729, in-4, vél.

659. Obras poeticas de don Eugenio Gerardo Lobo, ayudante mayor. *Pamplona*, 1729, in-4, parch.

660. El Macabeo poema heroyco de Miguel de Silveyra. *Madrid*, 1731, in-8, vél.

661. Sacra y humana lyra, poemas de don Gabriel de Leony Luna, saca a luz J. Manuel de Palacio. *Madrid*, 1734, in-4, vélin.

662. La Culpa del primer peregrino y el passagero. Su autor Antonio Enriquez Gomez. *Madrid*, 1735, in-4, vél.

> Poèmes religieux et philosophiques, notamment sur Adam et sa faute.

663. Obras posthumas lyricas humanas de D. Joseph Perez de Montoro. *Madrid*, 1736, 2 vol. in-4, vél.

664. Obras poeticas lyricas que su autor el coronel D. Eugenio Gerardo Lobo ha cedido a la congregacion de la Milagrosa Imagen de N. Señora de Peña Sacra. *Madrid*, 1738, in-4, veau.

665. Anatomia de todo lo visible e invisible, compendio universal de ambos mundos viaje fantastico, jornadas por una y otra esphera, por D. Diego de Torres Villaroel. *Salamanca*, 1738. — Extracto de los pronosticos de el gran Piscator de Salamanca desde 1725 hasta 1739, por Diego de Torres Villarroel. *Salamanca*, 1739. — Vida y ascendencia de Don Diego Torres. *Madrid*, 1743, 3 ouvr. en 1 vol. in-4, veau.

> Manque le titre.

666. Anathomia symbolica y moral de el escrito de Manuel Guerrero, comico de profession en los theatros de la Corte de Madrid. Su autor el doctor don Antonio Villagomez y Escobar. *Madrid*, 1743, in-4, dérelié.

667. Poesias lyricas y joco serias. Su autor Don Joseph Joachin Benegasi y Luxàn. *Madrid*, 1743, in-4, parch.

668. Obras posthumas, poeticas, con la Burrumaquia de don Gabriel Alvarez de Toledo, Pellicer y Tobar. Sacalas a luz el doctor Don Diego de Torres. *Madrid*, 1744, in-4, parch.

669. Le même, in-4, veau.

670. El Pelayo, poema de don Alonso de Solis conde de Saldueña, etc. *Madrid*, 1754, in-4, vél.

671 HERNANDIA. Triumphos de la fe y gloria de las armas españolas, poema heroyco. Conquista de Mexico, cabeza del imperio septentrional de la Nueva España, proezas de Hernan Cortez, catholicos blasones militares y grandezas del Nuevo Mundo. Lo cantaba Don Francisco Ruiz de Leon, hijo de la Nueva España. *Madrid*, 1755, in-4, vél.

672. El Philoteo en conversaciones del tiempo, por el R.-D. Antonio Joseph Rodriguez. *Madrid*, 1776, 2 vol. in-4, veau.

673. El Sueño de Luciano Samosat que es la vida de Luciano, y la tabla de Cebes, griego y español por D. Cas. Florez Canseco. *Madrid*, 1778, in-8, vél.

674. Viage y peregrinacion que hizo y escribio en verso castellano el famoso poeta Juan de la Encina en compañia del Marquès de Tarifa en que refiere lo mas particular de lo sucedido en su Viaje y Santos Lugares de Jerusalem. *Madrid*, 1786, in-12, cart.

675. Poemas christanos en que se exponen con sencillez las verdades mas importantes de la religion, por el autor del evangelio en triumfo. *Madrid*, 1799, in-4, cart.

LANGUES ORIENTALES ET AMÉRICAINES

677. Corpus inscriptionum semiticarum. Liv. I et II. *Paris*, 1881-83, 2 vol. in-4, br. et 2 atlas in-fol., cart.

678. LENORMANT (F.). Introduction à un mémoire sur la propagation de l'alphabet phénicien dans l'ancien monde. *Paris*, 1866, in-8, br.

679. LENORMANT (F.). La Magie chez les Chaldéens et les origines accadiennes. *Paris*, 1874, in-8, br.

680. MÉNANT (J.). Les Écritures cunéiformes. *Paris*, 1860, in-8, br.

681. OPPERT (J.). 5 mémoires.

Inscriptions assyriennes des Sargonides. — Ouverture du cours de philologie comparée. — Les inscriptions cunéiformes déchiffrées une seconde fois. — Considérations générales sur la philologie comparée.
Théâtre des Jésuites.

682. LETRONNE. Nouvelles recherches sur le calendrier des anciens Egyptiens, sa nature, son histoire et son origine. *Paris*, 1863, in-4, br.

683. MARIETTE BEY. Notice des principaux monuments exposés dans les galeries provisoires du Musée d'antiquités égyptiennes à Boulaq. 2° édition. *Alexandrie*, 1868, in-8, br.

684. MARIETTE BEY. Une Visite au musée de Boulaq, traduction arabe. *Paris*, 1869, in-8, cart.

685. MARIETTE BEY. La Galerie de l'Egypte ancienne au Trocadéro. *Paris*, 1878, in-8, perc.

686. MARIETTE (Aug.). Catalogue général des monuments d'Abydos découverts pendant les fouilles de cette ville. *Paris*, 1880, in-fol., br.

687. Décret trilingue de Canope, transcription du texte hiéroglyphique et traduction par P. Pierret. *Paris*, 1881, in-4, broché.

688. REVILLOUT (E.). Vie et Sentences de Secundus d'après divers manuscrits orientaux. *Paris*, 1873, in-8, mar. Lavall., tr. dor.

Exemplaire de dédicace.

689. REVILLOUT (E.). Apocryphes coptes du Nouveau-Testament. 1er fasc., textes. *Paris*, 1876, in-4, br.

690. REVILLOUT (Eug.). Papyrus coptes. Actes et contrats des Musées égyptiens de Boulaq et du Louvre. 1er fasc. Textes et fac-similés. *Paris*, 1876, in 4, br.

691. REVILLOUT (Eug.). Chrestomathie démotique. *Paris*, 1880, 4 fasc. in-4. — Nouvelle chrestomathie démotique. *Paris*, 1878, in-4, br. Ens. 5 vol.

692. Le Concile de Nicée d'après les textes coptes, par E. Revillout. *Paris*, 1881, in-8, br. — Le Concile de Nicée et le Concile d'Alexandrie. *Paris*, 1874, in-8, br.

693. REVILLOUT (E.). Rituel funéraire de Pamonth, fasc. 1. — Le procès d'Hermias, fasc. 1. — Discours d'ouverture des cours de langue démotique et de droit égyptien. Ens. 3 vol.

694. REVILLOUT (E.). 6 vol. et broch.

Un poème satyrique en démotique, liv. 1, 2. — Le roman de Setna, liv. 2, 3. — Les monnaies égyptiennes. — L'étalon d'argent en Egypte. — Les plus anciennes monnaies hébraïques. — Décret de Rosette et de Canope.

695. REVILLOUT (E.). Cours de droit égyptien. Fasc. 1. *Paris*, 1884, in-8, br.

696. Revue Egyptologique. Volume I en 4 fasc. Vol. II, nos 1 à 3. Vol. III, nos 1 à 3, en fasc. in-4.

697. Robiou. Mémoire sur l'économie politique, l'administra-
tion et la législation de l'Egypte au temps des Lagides.
Paris, 1876, in-8, carte, br.

698 De Rougé (J.). Textes géographiques du temple d'Edfou.
3 fasc. — Monnaies nouvelles des Nômes d'Egypte. In-8.
Ens. 4 broch.

699. De Rougé (vicomte E.). 3 vol. et broch.

Mémoires sur l'origine égyptienne de l'alphabet phénicien. —
Chrestomathie égyptienne, fasc. 3. — Discours à l'ouverture du
cours d'archéologie égyptienne.

700. Zanolini (A.). Lexicon hebraïcum. *Patavii*, 1732, in-4,
veau.

Nombreuses annotations.

701. Eusebius. History of the martyrs in Palestine (syriac)
edited and translated by W. Cureton. *London*, 1861, in-8,
perc.

702. Darmesteter (J.). Essais orientaux. *Paris*, 1883, in-8, br.

703. Mélanges orientaux. Textes et traductions publiés par les
professeurs de l'Ecole des Langues, à l'occasion du Congrès
des Orientalistes à Leyde. *Paris, Leroux*, 1883, in-8, planch.,
broché.

704. Barbier de Meynard. — Dictionnaire turc-français,
supplément aux dictionnaires publiés jusqu'à ce jour.
Fasc. 1 à 3. *Paris*, 1881-83, 3 vol. in-8. br.

705. Defrémery. 12 Mémoires.

Essai sur l'histoire des Ismaéliens, 1er art. — Trois princes de
Nichabour. — Mots espagnols dérivés de l'arabe. — Sur Ibn Khor-
dadbeh. — Destruction de la dynastie des Mozafferiens. — Auteur
de l'histoire du pseudo Haçan. — Rech. sur quatre princes d'Ha-
madan. — Nouv. édition de Noël du Fail, etc.

706. Nabi Effendi Conseils à son fils Aboul Khair, publiés en
turc, avec trad. par Pavet de Courteille. *Paris*, 1857, in-8,
broché.

707. Reinaud. 12 Mémoires.

Notice sur les dictionnaires géographiques arabes. — Etat de la
littérature chez les populations chrétiennes arabes de Syrie. — Sur
Hadji Khalfa. — Sur la gazette arabe de Beyrout. — Feu grégeois.
Extrait d'un mémoire histor. sur l'Inde. — Question scientifique et
personnelle, etc.

708. Sefer Nameh. Relation du voyage de Nassiri Khosrau en
Syrie, en Palestine, en Egypte, en Arabie et en Perse, texte
persan et trad. française, par Ch. Schefer. *Paris*, 1881,
in-8, br.

709. Traduction arabe des pièces relatives à la procédure et au
jugement de Soleyman el Hhaleby, assassin de Kléber.
Br. in-8.

710. Garcin de Tassy. 19 Mémoires.

> Poésie philosophique et religieuse chez les Persans. — Monologue dramatique indien. — Chapitre inconnu du Coran. — Discours d'ouverture du cours d'hindoustani, etc.

711. Foucaux (P.-E.). — 6 mémoires.

> Etude sur le Lalita Vistara. — Vikramorvaci. Ourvaçi. — Doctrine des bouddhistes sur le Nirvana. — Kairata Parva. — Légende d'Ilvala et Vatapi, etc.

712. Rgya Tch'er Rol Pa, ou développement des jeux contenant l'histoire du Bouddha Çakya Mouni. Texte tibétain, publié avec traduction française par Foucaux. *Paris*, 1847, 2 vol. in-4, br.

713. Senart (E.). Les Inscriptions de Piyadasi. Tome I. Les quatorze édits. *Paris*, 1881, in-8, br.

> Seul volume publié.

714. Devéria (G.). Histoire des relations de la Chine avec l'Annam-Viêtnam du XVIᵉ au XIXᵉ siècle. *Paris*, 1880, in-8, br., carte.

715. Recueil de documents sur l'Asie Centrale, par C. Imbault Huart. *Paris*, 1881, in-8, cartes, br.

716. D'Hervey de Saint-Denys. 7 Mémoires.

> Le royaume de Piao. — Discussion au sujet du San Tseu King. Mém. sur l'histoire ancienne du Japon. — Le Fou-Sang. — Examen de faits mensongers, etc.

717. Pauthier (G.). 10 Mémoires.

> Le pays de Tanduc. — Alphabet de Pa sse pa. — Monothéisme des Chinois. — Médailles en cuivre jaune trouvées à Sourabaya. — Not. sur Marco Polo. — Description de Quinsay, capitale de l'empire des Soung, etc.

718. Luc Van Tien, texte annamite en caractères figuratifs, transcription et traduction par A. des Michels. *Paris*, 1883, in-8, br.

719. Marre (A.). Aperçu philologique sur les affinités de la langue malgache avec le javanais, le malais, etc. *Leide*, 1884, in-8, br.

720. Marre (A.). 7 brochures.

> Etoiles circumpolaires australes observées à Sumatra. — District montagneux de l'Arakan. — Bibliographie malaise. — Notes de philologie malaise. — Les écrivains officiels des sultans malays, etc.

721. Revue africaine, 1869-85, en numéros.

> Numéros 76, 78 à 82, 86, 88, 90 à 113, 115 à 155, 157 à 159, 162 à 172, 174.

722. Domenech. Manuscrit pictographique américain, précédé d'une notice sur l'idéographie des Peaux-Rouges. *Paris*, 1860, in-8, br., 228 pl.

723. Brasseur de Bourbourg. Manuscrit Troano, études sur le système graphique et la langue des Mayas. Tome Iᵉʳ. *Paris*, 1869, in-4, pl. en couleur.

GÉOGRAPHIE

ATLAS. — CARTES. — DÉCOUVERTES, ETC.

724. Spruner Menke. Atlas antiquus. *Gotha*, 1865, in-4, perc., 31 cartes.

725. LENORMANT (Fr.). Atlas d'histoire ancienne de l'Orient. *Paris*, in-fol., 24 planches.

Un des cinquante exemplaires tirés in-folio.

726. PEUTINGER. Tabula itineraria Peutingeriana, primum æri incisa et edita a Fr. Chr. de Scheyb denuo collata cum Conr Mannerti introductione instructa. *Lipsiæ*, 1824, gr. in-4, d.-r., avec la carte reproduite en 12 planches.

727. Recueil des itinéraires anciens, comprenant l'itinéraire d'Antonin, la table de Peutinger et un choix des périples grecs, publié par le marquis de Fortia d'Urban. *Paris*, 1845, in-4, d.-mar. rouge. — Avec l'Orbis Romanus de Lapie. 9 feuilles in-folio.

728. Orbis romanus delineatus a P. Lapie. *Lutetiæ*, 1834, in-4, cart.

729. Mappemonde dressée en 1459, par Fra Mauro, cosmographe vénitien, par ordre d'Alphonse V, roi de Portugal, publié pour la première fois de la grandeur de l'original avec toutes les légendes, par le vicomte de Santarem. 1854, en 6 feuilles, gr. in-folio.

730. Un second exemplaire.

731. Un troisième exemplaire.

732. Apographon descriptionis orbis terræ, figuris et narratiunculis distinctæ, manu germanica opere nigelliari discolorio circa med. Sæc. XV, tabulæ æneæ Musei Borgiani consignatæ. 1797, cart. gr. in-folio.

733. Recueil de cartes, de d'Anville, de l'Isle, Robert, etc. Un vol. in-fol. cart.

734. Victor GUÉRIN. Carte de Palestine. 1881, gr. in-folio.

735. ZIMMERMANN. Das Stromgebiet des Indus. Carte en 6 feuilles.

736. Carte de l'Algérie, dressée par tribus, par E. Carette et A. Warnier. 1846, 2 feuilles.

737. Carta dell' isola e regno di Sardegna. *Torino*, 1845, 2 feuilles.

738. Πιναξ των ελληνικων χωρων. *Berlin*, 1879, carte grecque, en 9 feuilles coloriées.

739. Petit atlas national des départements de la France et de ses colonies, par V. Monin. 100 cartes, avec vues de monuments. *Paris*, 1833, in-4, obl., d.-r.

740. Cosmographia universalis. *Tiguri*, 1546, in-12, d.-r., sans titre, 16 cartes.

741. Civitates orbis terrarum del. G. Bruin. *Coloniæ*, 1574, 6 tom. en 3 vol. in-folio, veau, nombr. planches.

> Cet ouvrage est écrit en français, bien que le titre soit en latin. Il contient les vues des principales villes du monde.

742. P. Merulæ cosmographiæ liber de Italia. Editio nova. *Amsterdam*, in-12, cartes, veau.

743. Tollii (J.) epistolæ itinerariæ, cura H. C. Henninii. Secunda editio. *Amstelædami*, 1714, in-4, veau.

> Eus. J. Tollii insignia itinerarii italici. *Traj. ad Rh.*, 1696.

744. DELOCHE (Max.). Etudes sur la géographie historique de la Gaule et spécialement sur les divisions territoriales du Limousin au moyen âge. *Paris*, 1864, in-4, br., cartes.

745. HARRISSE. L'Histoire de Christophe Colomb attribuée à son fils Fernand. *Paris*, 1875, in-8, br.

746. HARRISSE (H.). Fernand Colomb, sa vie, ses œuvres, essai critique. *Paris*, 1872, gr. in-8, br.

747. HARRISSE (H.). Les Colombo de France et d'Italie, fameux marins du xve siècle (1461-1492). *Paris*, 1874, in-4 br.

748. THOMASSY (R.). De la Salle et ses relations inédites de la découverte du Mississipi. *Paris*, 1860, in-4. — Géologie pratique de la Louisiane. *Ibid.*, in-4, br.

749. Discussion sommaire sur les anciennes limites de l'Acadie et sur les stipulations du traité d'Utrecht qui y sont relatives. *A Basle*, 1755, in-12, br.

750. ROUHAUD (H.). Les régions nouvelles; histoire du commerce et de la civilisation au nord de l'Océan Pacifique. *Paris*, 1868, in 8, br.

751. Chronica do descobrimento e conquista de Guiné, pelo Gomes Eannes de Azurara, precedida de uma introducçao pelo Visconde de Santarem. *Paris*, 1841, in-8, port., br.

752. FEYJOO (Don Miguel). Relacion descriptiva de la ciudad y provincia de Truxillo del Peru. *Madrid*, 1763, in-fol., vél., cartes color.

753. Hispania, sive de regis Hispaniæ regnis et opibus commentarius. *Lugd. Batav. Elzevir*, 1629, in-18, veau fauve, tr. dor.

754. GUICCIARDINI. Descrittione di tutti i Paesi Bassi. *Anversa*, 1581, in-fol., veau, tr. dor. Avec cartes, plans et vues des principales villes.

755. Mormile (Gius.). Descrittione della citta di Napoli e dell'antichita della citta di Pozzuolo. Con figure. *Napoli,* 1670, in-8, fig., vél.

756. Historia de Gibraltar, por don Ignacio Lopez de Ayala, · *Madrid,* 1782, in-4, vél.

757. Boschini (Marco). L'Arcipelago, con tutte le isole, scogli secche, e bassi fondi, con i mari, golfi, castelli, etc. *Venetia,* 1658, in-4, 48 cartes, cart.

758. Castellan (A.-L.). Lettres sur la Morée, l'Hellespont et Constantinople. Seconde édition. *Paris,* 1820, 3 vol. in-8, pl. et fig., veau rac.

759. Leger (L.). La Save, le Danube et le Balkan. *Paris,* 1884, in-18, br. — Nouvelles études slaves. *Paris,* 1880, in-18 br.

760. Mavidal (J.). Le Sénégal, son état présent et son avenir. *Paris,* 1863, in-8, br.

HISTOIRE

GÉNÉRALITÉS. — HISTOIRE ANCIENNE.

761. Fasciculus temporum omnes antiquorum cronicas a creatione mundi usque ad annum Christi 1524 subcincte complectens, una cum multis additionibus tam de Gallia quam de aliis regionibus sparsim hic adjectis quæ nusquam antea apposite fuerant. *Parrhisiis,* 1524, in-4, goth. vél.

762. Omnium gentium mores, leges et ritus ex multis scriptoribus a J. Boemo Aubano Teutonico nuper collecti. *Lugduni,* 1536, in-8. vél.

763. Feller (F.-X. de). Dictionnaire historique. *Paris,* 1827-29, 17 vol. in-8, portr., bas. gaufrée.

764. Bouillet. Dictionnaire universel d'histoire et de géographie. *Paris, Hachette,* 1851, gr. in-8, à 2 col., d.-r.

765. Lenormant (F.). Les origines de l'histoire d'après la Bible. *Paris,* 1880, in-12, br.

766. Parent (A.). Machaerons. *Paris,* 1868, in-8, br., carte.

767. Curtius. Histoire grecque, traduction Bouché-Leclercq. *Paris, Leroux,* 1880-83, 5 vol. in-8, br.

768. Lenormant (François). La Grande-Grèce, paysages et histoire. *Paris,* 1881, 2 vol. in 8, br.

769. Mazzoldi (A.). Delle origini italiche della diffusione e dell'incivilmento italiano all'Egitto, alla Fenicia, alla Grecia. *Milano*, 1840, in-8, br.

770. Micali (G.) L'Italia avanti il dominio dei Romani. *Firenze*, 1810, 4 vol. in-8, br.

771. Briau (R.). L'Assistance médicale chez les Romaine. *Paris*, 1870, in-4, br.

772. Crevier. Histoire des empereurs romains, depuis Auguste jusqu'à Constantin. *Paris*, 1818-19, 6 vol. in-8, veau rac.

773. Naudet. De l'état des personnes et des peuples sous les empereurs romains. *Paris*, 1877, in-8. — Des révolutions de l'Empire romain vers la fin du iiie siècle. — Lettre à M. Le Blant sur les bourreaux du Christ. In-8. Ens. 3 broch.

774. Valsecchi (Virg.). De M. Aurelii Antonini Elagabali tribunitia potestate. *Florentiæ*, 1711. — De initio imperii Severi Alexandri. *Ibid.*, 1715, en 1 vol. in-4, vél.

775. Josephi Flavii de bello judaïco libri septem, emendavit et notis illustr. E. Cardwell. *Oxonii*, 1837, 2 vol. in-8, d.-v.

776. Édit de Dioclétien, établissant le maximum dans l'Empire romain, publié avec de nouveaux fragments et un commentaire, par W. H. Waddington. *Paris*, 1864, in-4, br.

777. Waddington (W. H.). Fastes des provinces asiatiques de l'Empire romain jusqu'au règne de Dioclétien. 1re partie, *Paris*, 1872, in-8, br.

778. Gronovii (J.-F.) dissertatio de Gothorum sede originaria et in imperium romanum irruptionibus. *Lugd. Bat.*, 1739, in-8, vél.

779. Chartes latines sur papyrus publiées par l'Ecole des Chartes. *Paris*, 1835-40, 3 fasc. in-fol., br.

780. Rambaud (A.). L'Empire grec au dixième siècle. Constantin Porphyrogénète. *Paris*, 1870, in-8, br.

781. Scriptores historiæ byzantinæ. *Bonnæ*, 1828-40, 4 vol. in-8, d.-maroq., et 4 vol. incomplets brochés.
Ephraemus, C. Manasses et Georg. Acropolita. Leo Diaconus et Nic-Phocas, Paulus Silentiarius.

782. Le Beau (Cg.) Histoire du Bas-Empire. *Paris*, 1819-20, 13 vol. in-8, veau rac.

783. Recueil des historiens des Croisades. Hist. orientaux. Tome II, 2e partie. *Paris*, 1876, in-fol., br.

784. Archives de l'Orient latin, publiées sous le patronage de la Société de l'Orient latin, Tomes I et II. *Paris, Leroux*, 1881-84, 2 vol. in-8, br.

785. Exuviæ sacræ Constantinopolitanæ, fasciculus documentorum minorum ad byzantina lipsana in Occidentem sæculo XIII translata, historiam quarti belli sacri illustrantium (publié par le comte Riant). *Genevæ*, 1877-78, 2 vol. in-8, br. pap. vergé.

786. Alexii I Comneni, Romanorum imperat., ad Robertum I, Flandriæ com., epistola spuria, ed. Riant. *Genevæ*, 1879, in-8, br.

787. Haymari Monachi, arch. Cæsar. de expugnata Accone liber tetrastichus, seu rithmus de expeditione ierosolimitana, ad fidem codd. mss. recognovit P. E. D. Riant. *Lugduni*, 1866, in-8, perc.

788. Mas Latrie (L. de). Histoire de l'île de Chypre sous le règne des princes de la Maison de Lusignan. I. *Paris*, 1861, in-8, br.

789. Chronique de Chypre de Léonce Macheras. Texte grec et traduction française par E. Miller et C. Sathas. *Paris*, Leroux, 1882, 2 vol. in-8, br. Avec une carte en chromolithog.

790. Traités de paix et de commerce, et documents divers concernant les relations des chrétiens avec les Arabes de l'Afrique septentrionale au moyen âge, recueillis par L. de Mas Latrie. *Paris*, 1868, in-4, br.

791. Hammer. Histoire de l'Empire ottoman, traduction en grec moderne. *Athènes*, 1870-74, 6 vol. in-8, br.

792. Galland (Ant.). Journal pendant son séjour à Constantinople (1673-74), publié et annoté par Ch. Schefer. *Paris*, Leroux, 1881, 2 vol. in-8, fig., br.

HISTOIRE DE FRANCE

793. Longnon (A.). Atlas historique de la France depuis César jusqu'à nos jours. *Paris*, 1885, in-fol .(1re livraison).

794. Documents inédits sur l'histoire de France. 5 vol. in-4, cart.
> Mandement de Charles V. — Lettres de Catherine de Médicis, I. — Bâtiments du Roi, I. — Mémoires des Intendants, I. — Histoire des Monnaies, I.

795. Desnoyers (J.). Études sur la statistique industrielle et agricole au moyen âge. — Rapport sur les travaux de la Société de l'histoire de France. 1879-1881. Ens. 4 broch. in-8.

796. Mélanges historiques, choix de documents publiés par la Société de l'histoire de France. *Paris*, 1878-1882, 4 vol. in-4, cart.

797. Inscriptions de la France du Vᵉ siècle au XVIIIᵉ, recueillies.
et publiées par M. F. de Guilhermy. *Paris*, 1873-1883, 5 vols
in-4, cart.

798. Recueil des Chartes de l'abbaye de Cluny, formé par
Aug. Bernard, publié par Al. Bruel. *Paris*, 1876-1880,
2 vol. in-4, cart.

799. Liber Diurnus, ou Recueil des formules usitées par la
chancellerie pontificale du Vᵉ au XIᵉ siècle, par Eug. de Rozière. Avec supplément. *Paris*, 1869-1871, 3 vol. in-8, br.

800. Les Etablissements de Saint-Louis, accompagnés des textes
primitifs et de textes dérivés avec une introduction et des
notes, par Paul Viollet. *Paris*, 1881-1883, 3 vol. in-8, br.

801. Boutaric. Saint-Louis et Alfonse de Poitiers, Étude sur
la réunion des provinces du Midi et de l'Ouest à la couronne.
Paris, 1870, in-8, br.

802. Histoire de la Ligue faite à Cambray entre Jules II,
Maximilien Iᵉʳ, Louis XII, Ferdinand d'Aragon, contre la
République de Venise. 4ᵉ éd. *Paris*, 1728, 2 vol. in-12, veau.
(Armoiries.)

803. Boislisle (A. de). Notice biogr. et histor. sur Étienne
de Vesc, sénéchal de Beaucaire, pour servir à l'histoire
des expéditions d'Italie. *Paris*, 1884, in-8, br.

804. Sejours de Charles VIII à Romme (1493-1494). Extraits
de la tres curieuse et chevaleresque Hystoire de la Conqueste
de Naples. Publiés par P.-M. Gonon. *Lyon*, 1842, in-8, br.

805. Apologia Madriciæ conventionis, inter cristianissimum
Francorum Regem et Carolum electum imperatorem dissua-
soria. *Parhisiis*, 1526, in-4, br.

806. Exemplum responsionis christianissimi Galliarum regis,
ad protestationem quo Cæsarea Majestas Romæ in eum
invecta est. *Anno* 1536, in-4, br.
Au sujet du duché de Milan.

807. Ruble (A. de). François de Montmorency, gouverneur de
Paris (1530-1579), in-8, br.

808. Ruble (A. de). Le duc de Nemours et Mademoiselle de
Rohan (1531-1592). *Paris*, 1883, in-8, br.

809. Ruble (baron Alphonse de). Antoine de Bourbon et
Jeanne d'Albret. *Paris*, 1881-1885, 3 vol. in-8, pap. vergé,
br.

810. Perrens. Un procès criminel sous le règne de Henri IV.
Paris, 1867. — La Comtesse Mathilde et le Saint-Siège.
Paris, 1865, in-8, br.

811. Frémy (Ed.). Diplomates du temps de la Ligue. in-12. —
Henry de Mesmes. In-8. — Le Monastère des Petites-Au-
gustines de Paris. In-8, ens. 3 vol.

812. Estats de Blois. L'ordre des Estats tenus à Blois en 1586.
— Harangue prononcée par Messire d'Epinac, archevêque de
Lyon. — Harangue faite par le roy Henri Troisiesme. 1588.
— Harangue prononcée devant le Roy par Estienne Bernard,
de Dijon. 1589. — Edict du Roy sur l'union de ses subjects
catholiques. 1588. — Remerciement au roi par l'archevêque
de Bourges, etc. Ens. 7 pièces.

813. Discours sur les mariages de France et d'Espagne contenant les raisons qui ont meu Mgr le prince à en demander
la surséance. 1614. — Articles et Conventions arrestées en
France le 20 août 1612 par le duc de Pastrana et D. Innego
de Cardenas sur le mariage de Dom Philippe, prince d'Espagne et Madame Elisabeth de France. 1614. — Articles et
Conventions arrestées en Espagne le 20 août 1612 par le duc
de Mayenne assisté de M. de Puysieux et M. de Vaucelas
avec le duc de Lerme sur le mariage du Roy Louis XIII avec
l'Infante Dame Anne, princesse d'Espagne. 1614. Ens. 3
broch. in-12.

814. Recueil concernant les Estats tenus sous plusieurs roys de
France. *Paris*, 1614. — Le premier article du cahier du
Tiers-Estat assemblé à Paris aux Augustins en 1614. —
Articles présentez au roy par les députés de la Chambre du
Tiers-Estat. 1615. — Copie d'une lettre sur la remonstrance
faicte au Roy par l'archevesque de Lyon. 1615, etc. 5 pièces.

815. Etats généraux. Grands jours, etc. 7 broch.

> Ouverture des Estats généraux de Languedoc. 1670. — Assem-
> blée des notables de Rouen. 1617. (2 pièces). — Grands jours de
> Poitiers (4 pièces).

816. Correspondance des contrôleurs généraux des finances
avec les intendants des provinces, publiée par A.-M. de Boislisle. Tome I (1683-1699). *Paris*, 1874, in-4, br.

817. MAZARINADES. Recueil de plus de 500 pièces de 1649, en
9 vol. in-4, veau, dont un dérelié.

818. Lettres du cardinal Mazarin pendant son ministère, recueillies et publiées par M. A. Chéruel. *Paris*, 1872-1873,
3 vol. in-4, cart.

819. GÉRIN (Ch.). Le Pape Innocent XI et la révocation de
l'édit de Nantes. — Mission de M. de Lionne à Rome
en 1655. 2 broch. in-8.

820. Offres ou propositions au Roy pour faire rendre à Sa Majesté
les deniers pris et volez par les officiers de ses finances.
1623. — Advis au Roy pour oster le moyen aux meschants
de contrefaire les monnoyes. 1634. — Mémoires à Messieurs
des Estats pour parvenir à oster la vénalité des officiers. 1614.
— Responsorium au *Salve Regina* des financiers. — Lettres
patentes du Roy contenant l'establissement de la Chambre

royale pour la cognoissance des abbus et malversations.
1601. Ens. 5 pièces.

821. Mémoires de Monsieur le duc du Maine. 1716. — Réponses
au dernier Mémoire instructif de M. le duc du Maine. 1717.
— Raisons courtes pour le prince du sang et pour les nations
contre les princes légitimez. — Lettre d'un Espagnol à un
Français. — Trois lettres de M.*** à un homme de qualité
sur l'affaire des Princes. Ens. 7 broch.

822. Lucii Cornelii Europæi monarchia Solipsorum, ad Leonem
Allatium. *Venitiis*, 1645, in-18, vél. (On y a ajouté une clef
manuscrite des noms propres.)

> Le P. Melchior Inchofer, jésuite allemand, est l'auteur de cet
> ouvrage.

823. Jésuites, Jansénistes, Bulle Unigenitus. 12 pièces.

> Réflexions sur l'avis des évêques au roi. — Lettre du doge de la
> république des Apistes au général des Solipses. — Lettre à Musala,
> homme de loi d'Ispahan sur la querelle entre les jésuites et les
> jansénistes. — Nouveau témoignage contre la Constitution. —
> Chanson nouvelle. — Balance égale, etc.

824. Jansénistes. Bulle Unigenitus. Convulsionaires. Catéchisme sur l'Eglise pour les temps de trouble, etc. 15 volumes et brochures in-8, publiés de 1717 à 1756.

825. Clergé de France. Actes des Assemblées du clergé. —
Procès. — Consultations diverses. 22 pièces in-4, publiées
pour la plupart vers 1750.

826. Clergé de France. 23 pièces, la plupart imprimées vers
1756.

> Réclamation de l'assemblée générale du clergé de France. —
> Mémoire où l'on expose les abus du Mandement de l'évêque
> d'Auxerre. — Défense des droits du second ordre. — Mira. le opéré
> le 5 juin 1755 sur la paroisse de la Magdeleine. — Obituarium
> Ecclesiæ Paris, pro 1714. — Sur la compétence des tribunaux
> séculiers dans les matières concernant la religion. — Lettres du
> pape Clément XIII, et pièces diverses.

827. JÉSUITES. Important recueil de pièces pour et contre les
Jésuites imprimées pour la plupart en 1760, 1761, 1762. —
Arrêts des Parlements au sujet de l'expulsion des jésuites, etc.
84 vol. et brochures in-8 et in-12.

828. Parlements. Humbles remontrances des Parlements de
Dijon, Rouen, Besançon, Bordeaux, etc., sur divers sujets,
(impôts, édits, jésuites, etc.). 21 broch. in-8.

829. Finances. Edits du roi. — Arrêts sur la Cour des aydes. —
Remontrances au roy. — Diverses pièces sur la gabelle, etc.,
de 1715 à 1717. 24 pièces in-8 et in-4.

830. Etats généraux. 20 brochures relatives aux Etats généraux et Assemblées de notables, la plupart publiées en 1788,
1789.

831. Révolution. Brochures publiées en 1789. 7 pièces.

Domine salvum fac regem. — Pange lingua. — Paris tel qu'il est. — Lettre d'un Français à ses compatriotes. — Lettre d'un grenadier à l'armée. — Monsieur Necker à Monsieur d'Aligre. — Lettre d'un député.

832. Révolution. 9 brochures de 1790.

Le despotisme décrété par l'Assemblée nationale. — Les ténèbres des Parlements ou Confession générale, office du jeudi saint. — — Les Merles dénichés, ou le Crime du général Dumouriez, la grande découverte de Mazaniello Poucet, la grande épouvante qu'il a jetée dans la rue Chante-Reine. — Grands tableaux magiques des fameuses suppressions. — Catéchisme anticonstitutionnel. — La corruption de l'Assemblée nationale, etc.

833. Révolution. 7 brochures de 1791 et 1792.

La Queue de Robespierre ou les Dangers de la liberté de la presse. — Lettre de Cartouche à ses représentants. — Lettre de M. le comte d'Antraigues. — La voix du temps ou Révélation du P. Théophile, capucin. — Lettre à MM. Fox, Sheridan, Burke, etc. — Les sottises de tout le monde, patriotes et aristocrates.

834. Compte rendu par M. de Choiseul d'Aillecourt, député de la noblesse, à ses commettans. 1791, in-8, br.

835. Parallèle des révolutions par M. N. Silv. Guillon. Seconde édition. *Paris*, 1792, in-8, br.

836. Marat. 7 brochures.

Inauguration des bustes de Marat et de Lepelletier. — Discours de Desfieux. — Discours de Rousselin. — Présentation au tribunal extraordinaire et révolutionnaire des images de ces grands hommes. — Pétition de la section du contrat social présentée à la barre de la Convention par le citoyen Guiraut. — Discours à la section de Brutus par Charlemagne fils. — Discours du procureur général syndic Lulier.

837. Complot d'une banqueroute générale de la France, de l'Espagne, et par contre coup de la Hollande et de l'Angleterre, ou les horreurs de l'ancien et du nouveau régime, mises au jour par le citoyen Héron, ouvrage rédigé par Marat, l'ami du peuple. *De l'imprimerie de Marat*, in-4, br.

838. Procès de Louis XVI. 1 volume et 3 broch.

Mémoire justificatif pour Louis XVI, ci-devant roi des Français, en réponse à l'acte d'accusation qui lui a été lu à la Convention, par A.-J.-D.-G. — Opinions dans l'affaire du ci-devant roi des citoyens Vigny, Personne, Riffard, Saint-Martin, membre de la Convention.

839. Correspondance philosophique de Caillot-Duval. *Nancy*. 1795, in-8, br.

840. Mémoire justificatif pour Louis-Philippe d'Orléans, en réponse à la procédure du Chatelet. — Réponse au mémoire de Louis-Philippe-Joseph, ci-devant prince du sang et duc d'Orléans. — Ce que c'est que l'histoire du Chatelet. — Entrevue de M. le duc d'Orléans avec le marquis de La

Fayette. — Intrigues secrètes de Louis-Philippe-Joseph
d'Orléans dans sa résidence actuelle en Angleterre. — Histoire de la conjuration de Louis-Philippe d'Orléans, tome III.
1796, 5 broch. et un vol. in-8.

841. Révolution, 8 brochures.

Catéchisme des droits et des devoirs d'élection, an V. — Le char-
latanisme politique, ou ce qu'en langue révolutionnaire on appelle
sauver la patrie, 1799. — Dubreuil à Bonaparte, an VIII. — Voyage
de l'avocat Mignon à Paris, lors de la dernière fête du 14 juillet,
1802. — Journal de Lyon, 1795. — Dialogue en flamand entre les
députés de l'Escaut et un républicain, au V. — Des gouvernements
qui ne conviennent pas à la France, etc.

842. Mortimer-Ternaux. Histoire de la Terreur. *Paris*, 1863-
1881, tomes III, V, VI, VIII.

843. Doniol (H.). La Révolution française et la Féodalité.
Paris, 1874, in-8, br.

844. Concordat. Ouvrages relatifs au Concordat, au pouvoir
temporel des papes, etc. 15 vol. in-8, br., publiés de 1808
à 1820.

845. Clergé de France et Concordat. 8 broch. in-8.

Lettre d'un prisonnier d'État relative au Concordat de 1801. —
Observations d'un ancien canoniste sur la convention de 1817. —
Pii VII allocutio in Consistorio secreto, 1817. — Billecocq. Clergé de
France en 1825, etc.

846. De la Constitution et des lois fondamentales de la monar-
chie française, la Charte, l'organisation d'un gouvernement
libéral, etc. 32 vol et broch. imprimés de 1815 à 1820.

847. Klaczko (J.). Études de diplomatie contemporaine. Les
cabinets de l'Europe en 1863-1864. *Paris*, 1866, in-8, br.

848. Roget de Belloguet. Origines dijonnaises dégagées des
fables et des erreurs qui les ont enveloppées jusqu'à ce
jour, etc. *Dijon*, 1851, in-8, br.

849. Aubenas. Histoire de Fréjus. Forum Julii, ses antiquités,
son port. *Fréjus*, 1881, in-8, 3 pl., br.

850. Registres de la Jurade de Bordeaux ; délibérations de
1414 à 1422. *Bordeaux*, 1883, in-4, br.

VARIA

851. Leger (L.). Chronique de Nestor, traduite sur le texte
slavon-russe. *Paris*, 1884, in-8, br.

852. Fondation du second empire bulgare (en russe). *Odessa*,
1879, in-8, br.

853. Vretos (And. Papadopoulo). La Bulgarie ancienne et
moderne. *Saint-Pétersbourg*, 1856, in-8, br.

854. Dapontès (C.). Éphémérides Daces, ou chronique de la guerre de quatre ans (1736-1739). Texte grec et traduction par E. Legrand. *Paris*, 1880-1881, 2 vol. gr. in-8, br., part 1. portr.

855. Documente privitóre la Istoria Romănilor, culese de Ludoxiu de Hurmuzuki, vol. IV en 2 part., V, part. I, VI et VII (1600-1818). *Bucarest*, 1876-1885, 5 vol. in-4, br. et supplément I, par Odobescu. 1885, in-4, br.

856. Documente privitore la Istoria Romănilor, suplement I, vol. I. 1518-1780. Documente. *Bucuresci*, 1886, in-4, br.

857. Laurianu (A.-T.). Istoria Romaniloru. *Bucuresci*, 1861, 4 fasc. in-8, br.

858. Brosset. Histoire de la Géorgie depuis l'antiquité jusqu'au xixᵉ siècle, traduite du géorgien. Histoire moderne, 1ʳᵉ partie. *Saint-Pétersbourg*, 1856, in-4 de 660 pages, br.

859. Armandi. Histoire militaire des éléphants. *Paris*, 1843. in-8, pl., br.

860. Dernier mémoire de mylord Charles O'Brien, comte de Thomond, vicomte de Clare, maréchal de France, deux fois pair d'Irlande, contre une fausse généalogie du jeune lord Lismore et de la dame sa mère, qui se prétendent l'un et l'autre issus de la maison de Thomond. 1760, in-fol., br.

ARCHÉOLOGIE. — NUMISMATIQUE ET MÉLANGES D'HISTOIRE LITTÉRAIRE.

861. Akerman (J.-Y.). Catalogue des médailles du chevalier de Horta. — Ancient coins of cities and princes. — Text of the New Testament. 3 vol. in-8, br.

862. Antiquæ tabulæ marmoreæ solis effigie, symbolisque exculptæ accurata explicatio, auct. Aleandro. *Lut. Paris*. 1617, in-4, planche, vél.

863. Arbois de Jubainville (H. d'). 13 mémoires divers, in-8.

Déclinaison des noms propres mérovingiens. — Bardes en Irlande. — Mot franc Chramnæ. — Anneau sigillaire de Pouan. — Celtes, Galates, Gaulois. — Le Senchus Mor. — Les Celtes et les langues celtiques. — Intendants de Champagne. — Inscription de Nimes. — Littérature ancienne de l'Irlande. — Mythologie irlandaise. — Noms de lieu celtiques. — Le baron de Janioz.

864. Aubé (B.). Sept mémoires in-8.

Martyre de sainte Félicité. — Le christianisme de Marcia. — Légalité du christianisme dans l'empire romain. — Un texte inédit d'Actes des Martyrs. — Carmen Apologeticum de Commodien. — Christianisme de l'empereur Philippe. — Supplément aux Acta Sincera de Ruinart.

865. D'Avezac. Douze mémoires in-8.

Année véritable de la naissance de Christophe Colomb. — Le livre de Fernand Colomb. — Atlas hydrographique de 1511. — Projection des cartes de géographie. — Mappemonde historiée de Hereford. — Mappemonde turke de Venise. — A. de la Marmora. Mappemonde de Saint-Béat. — La géographie en 1836. — Restitution de deux passages de Ptolémée. — Anciennes cartes catalanes, etc.

866. Baye (J. de). Cinq mémoires.

Les instruments en pierre à l'époque des métaux. — Pointes de flèches en silex. — Not. sur ses collections. — Sépultures gauloises de Flavigny. — Grottes préhistoriques de la Marne.

867. Berger (Ph.). Sept mémoires.

L'Arabie avant Mahomet. — Tanit pene Baal. — Rapport sur les inscriptions puniques de Carthage. — Caractères phéniciens du Corpus. — La Phénicie. — Pygmée, Pygmalion. — Pierres sacrées appelées Necib Malac Baal.

868. Berger de Xivrey. Quatre mémoires.

Inscriptions. — Polémique relative au cœur de saint Louis. — Passage de l'Evangile selon saint Marc. — Tradition française d'une confédération de l'Italie.

869. Bergmann. De l'unité de la composition grammaticale dans les différentes familles des langues. — Not. sur la vision de Dante. — De l'influence des Slaves sur les Scandinaves dans l'antiquité. 3 br. in-8.

870. Bertrand (Al.). Onze mémoires.

L'autel de Saintes et les triades gauloises. — Le Kestre. — Les ruines d'Arak et Emir. — La valeur des expressions Κελτοὶ ε-Γαλάται dans Polybe. — Bronzes étrusques de la Cisalpine. — Le casque de Berru. — Populations de la Gaule et de la Germanie. — Rapport à la commission des antiquités de la France. — Congrès de Stockholm. — Les Gaulois.

871. Bertrand (E.). Un Critique d'art dans l'antiquité. Philostrate et son école. *Paris*, 1881, in-8, br. et appendice.

872. Beulé. Dix mémoires.

Mercure criophore. — Drachme de Conon. — Du principe des expositions. — Préjugé sur l'art romain. — Vase de la reine Bérénice. — Le Stephanéphore. — Notice sur Halévy, etc.

873. Bikélas (D.). Cinq ouvrages.

Louki Laras, trad. du grec. — Faune grecque. — La Grèce avant 1821. — La Grèce dans la question d'Orient. — La presse périodique grecque en 1883.

874. Blacas (duc de). Essai sur les médailles autonomes romaines de l'époque impériale. — Découverte de vases funéraires près d'Albano. 2 broch. in 8, pl.

875. Boissier (G.). Cinq mémoires.

Atticus, éditeur de Cicéron. — Les derniers travaux d'archéologie grecque et romaine. — Leçons d'ouverture du cours d'eloquence latine. — Les mots Saltare et Cantare tragœdiam. — Réformes orthographiques attribuées à Ennius.

876. Bompois (F.). Portraits attribués à Cléomène III, roi de Lacédémone. — Drachme inédit de l'Etrurie et monnaies à revers lisse. — Didrachme inédit de Macédoine. 3 br. in-8.

877. Examen chronologique des monnaies frappées par la Communauté des Macédoniens, avant, pendant et après la conquête romaine par H.-F. Bompois. *Paris*, 1876, in-4, planches, broché.

878. Bartolomeo Borghesi. Œuvres complètes. *Paris*, 1862-79, 9 vol. in-4, pl., br. (le tome IX en 2 parties).

879. Boutaric (E.). Des Origines et de l'établissement du régime féodal. — Vincent de Beauvais et la connaissance de l'antiquité classique au xiii° siècle. 2 br.

880. Brerewood (Ed.). De ponderibus et pretiis veterum nummorum. *Londini*, 1614, pet. in-4, vél.

881. Briau (R.). Cinq mémoires.

Médecine des anciens Indiens. — Le serment d'Hippocrate et la lithotomie. — Le service de santé militaire chez les Romains. — hippocrate. — Chirurgia, Χειρουργια.

882. Bulletin archéologique du Musée Parent. Nº 1 in-folio, br. avec 2 pl. en couleur.

883. Caillemer (E.). Compilation anonyme sur la défense des places fortes, trad. du grec. 1872, in-8. — La restitution de la dot à Athènes. 1867, in-8, br.

884. Carte ou liste contenant le prix de chacun marcq, once, estrelin et as, poids de Troyes de toutes les espèces d'or et d'argent deffendues, legieres ou trop usées et moyennant ce déclarées pour billon... avecq les figures des dictes espèces. *En Anvers*, 1627, in-4, vél.

Nombreuses annotations en espagnol.

885. Casati (C.). Trois mémoires.

Les faïences de Diruta. — Fortis Etruria, origines étrusques du droit romain. — Musée du château de Rosenborg.

886. Castan (A.) Quatre mémoires.

J.-J. Boissard, poète latin de Besançon. — Le Saint-Ildefonse de Rubens. — Jean Priorat de Besançon. — L'évêque de Paris, Hugues de Besançon.

887. Caylus. Correspondance inédite du comte de Caylus avec le P. Paciaudi, théatin (1757-1765), publ. par Ch. Nisard. *Paris*, 1877, 2 vol. in-8, br.

888. Chabouillet. Vingt-deux mémoires.

Coffret d'argent de F. de Sickingen. — Main de bronze. — Origines du cabinet des médailles. — Statère d'or du roi inconnu Açès. — Denier de Raoul de Coucy. — Monnaies inédites de Desana. — Ducat d'or de Borso. — Diptyque consulaire de saint Junien. — Le camée représentant l'apothéose de Napoléon, etc.

889. Chabouillet (A.). Description des antiquités et objets d'art composant le cabinet de M. Louis Fould. *Paris*, 1861, in-fol.. planches, cart.

890. Champollion Figeac. Huit mémoires d'archéologie.

891. Chardon de la Rochette. Mélanges de critique et de philologie. *Paris*, 1812, 3 vol. in-8, d.-r.

892. Choisy (A.). L'Art de bâtir chez les Byzantins. *Paris*, 1882, in-fol. avec 25 planches, en carton.

893. Choisy (Aug.). Etudes sur l'architecture grecque. — I. L'arsenal du Pyrée, 1883, in-4, br. — II. Les murs d'Athènes, 1883, in-4, br. — III. L'Erechteïon, 1884, in-4, br. — IV. Un devis de travaux publics à Livadie, 1884, in-4, br. — Ens. 4 volumes avec planches. — Essai sur l'organisation des classes ouvrières chez les Romains, br. in-8.

894. Clermont-Ganneau. Huit mémoires.

Mission en Palestine et en Phénicie en 1881. — Recherches en Palestine. — Mythologie iconographique. — La stèle du Temple. — Ossuaires juifs. — Stèle de Mésa. — Inscriptions de Bosra.

895. Conestabile. Sur l'inscription d'une statuette étrusque, 1863, in-8. — Cista Prenestina della collezione Barberiniana, 1866, in-8, pl., br. — Sopra una cista in bronzo. — Coperchio di un sarcofago chiusino, 4 broch.

896. Creuly (Le général). Quatre mémoires.

Curiosolites de César. — Inscription géographique d'Autun. — Epitaphe du v\e siècle. — Not. sur Uxellodunum.

897. Croizier (De). L'Art khmer. *Paris*, 1875, in-8, fig., br.

898. Daremberg (C.). Six brochures.

Philostrate. Traité sur la gymnastique. — Rufus. Traité sur le pouls. — Etat de la médecine entre Homère et Hippocrate. — Fragments du commentaire de Galien sur le Timée de Platon.

899. Decharme (P.). Recueil d'inscriptions inédites de Béotie. — Not. sur les ruines de l'Hiéron des Muses dans l'Hélicon. — Note sur les manuscrits d'auteurs anciens du monastère de Saint-Jean, à Patmos. 3 broch. in-8.

900. Delaville Le Roulx. Six mémoires.

Trois chartes du xii\e siècle concernant l'ordre de Saint-Jean de Jérusalem. — Chartes originales relatives à la Touraine, antérieures à l'an mil. — Documents concernant les Templiers.| — Un antigrand-maître de l'Ordre de Saint Jean. — L'hôpital des Bretons, à Saint-Jean-d'Acre.

901. Delisle (Léopold). Dix-huit mémoires.

Anciennes traductions de Boèce. — Origine de plusieurs manuscrits de la collection de M. Barrois. — Manuscrits anciens des fonds Libri. — Bibles de Théodulfe. — Manuscrit de Prudence. — Notice sur plusieurs mss. de la bibliothèque d'Orléans. — Quelques mss. du Musée britannique. — Quelques mss. d'Auxerre. — Manuscrits d'Ashburnam. — Recherches sur l'ancienne bibliothèque de Corbie. — Testament de Baluze. — Not. sur vingt mss. du Vatican, etc.

902. Delisle (Léopold). Notice sur un manuscrit mérovingien contenant des fragments d'Eugyppius. *Paris*, 1875, in-4, pl., br. — Notice sur un manuscrit mérovingien de la bibliothèque d'Epinal. 1878, in-4, pl., br.

903. Delisle (Léopold). Mélanges de paléographie et de bibliographie. *Paris*, 1880, in-8, br., et atlas de 7 planches in-fol., en feuilles.

904. Deloche (M.). Quatre mémoires.

Les Lemovices de l'Armorique. — Sur un sou d'or mérovingien. — Du nom de Houilles. — Question Gondovald.

905. Desjardins (Ernest). Onze mémoires.

Culte des Divi. — Les onze régions d'Auguste. — Inscriptions inédites de Valachie et de Bulgarie. — Borne milliaire de Paris. — Arc d'Orange. — Cachets d'oculistes. — Remarques géographiques à propos de la carrière d'un légat de Pannonie, etc.

906. Des Vergers (Noël). L'Étrurie et les Étrusques. Atlas in-folio de 29 planches.

907. Dezeimeris (R.). Quatorze mémoires.

Poésies de Martin Despois. — Pierre Trichet. — Villula d'Ausone. — Renaissance des lettres à Bordeaux. — Inscriptions antiques découvertes à Bordeaux. — Lettres grecques de Scaliger à Imbert. — L'amphithéàtre de Galien. — Le Querolus, etc.

908. Didot (A.-F.). Dix mémoires.

Notice sur Anacréon. — Missel de Juvénal des Ursins. — Propriété littéraire et artistique. — Remarques sur la réforme de l'ortografie française. — Gutenberg. — Les Estienne. etc.

909. Dübner (F.). Vingt mémoires relatifs à l'enseignement classique.

910. Dureau de la Malle. Recherches sur la topographie de Carthage. *Paris*, 1835, in-8, cartes, br.

911. Dulaurier (Ed.). 3 Mémoires.

Extrait de la Chronique de Michel le Syrien, trad. de l'arménien. — Not. sur le manuscrit copte intitulé : La fidèle Sagesse. — L'Institut Lazareff.

912. Dumont (Albert). 5 Mémoires.

Cours d'archéologie. — Le Musée Sainte-Irène à Constantinople. — La population de l'Attique. — Discours à ses funérailles. — Notice, par E. Lavisse.

913. Dumont (Alb.) et Chaplain (J.). Les Céramiques de la Grèce propre. Première partie, Vases peints. *Paris*, 1881-83, 2 fasc. in-4, planches, br.

914. Egger. 34 Mémoires.

Fragments de poterie antique d'Egypte avec inscriptions grecques. — Document inédit pour servir à l'histoire des langues romanes. — Sur les Augustales. — Sur l'Eroticos. — Sur la fonction de secrétaire des princes chez les anciens. — Polémon, le voyageur archéologue. — Nouv. fragments inédits de l'orateur Hypéride. — Des collections d'inscriptions grecques. — Economie domestique en Egypte sous les Ptolémées. — Prix du papier dans l'antiquité. — Inscription grecque de Marseille. — Poésie pastorale avant les poètes bucoliques. — Les Economiques d'Aristote. — Le sénatus-consulte romain contre les industriels qui spéculent sur la démolition des monuments. — Derniers jours de l'éloquence athénienne. — Origines de la prose dans la littérature grecque, etc.

915. D'Eichthal (G.). 6 Mémoires.

Le site de Troie. — Socrate et notre temps. — Prononciation nationale du grec. — Usage pratique de la langue grecque, etc.

916. Fabricius (B.). 10 Mémoires.

Lectiones Scymnianæ. — Handschriften der Kleinen griechischen Geographen. — Lectiones Marcianeæ. — Arriani Periplus. — Scymnii Chii Periegesis quæ supersunt.

917. Fallue (L.). 7 Mémoires.

Etudes archéologiques sur l'histoire de Jules César. — Le passage de l'Aisne par César. — Divers travaux sur Alise-Sainte-Reine.

918. Feuillet de Conches. 3 Mémoires.

Réponse à une incroyable attaque de la Bibliothèque nationale touchant une lettre de Montaigne. — Les peintres européens en Chine et les peintres chinois. — Portraits de Christophe Colomb.

919. Fortia d'Urban. 5 Mémoires.

Introduction du christianisme dans les Gaules. — Sur les trois systèmes d'écriture chez les Egyptiens — Discours sur les murs saturniens ou cyclopéens. — Essai sur sa vie et ses ouvrages.

920. Foucart (P.). 6 Mémoires.

Sur les colonies athéniennes au ve siècle. Inscription d'Andanie relative à la célébration des mystères. — Authenticité de la loi d'Evégoras. — Décret des Athéniens relatif à Chalcis. — Sénatus-consulte inédit de l'an 170. — Décret inédit de la ligue arcadienne.

921. Frœhner (W.). 8 Mémoires.

Le retour de Perséphone, avec planches. — Bulles métriques, 2 séries. — Mélanges d'épigraphie et d'archéologie. — Les trois bouchées de pain. — Tablettes grecques du musée de Marseille. — Kritische Analekten. — Die griechischen Vasen und Terracotten zu Karlsruhe.

922. Gardner (Percy). Samos and Samian coins. *London*, 1882, in-8, perc., 6 pl.

923. Geffroy (A.) L'Ecole française de Rome, ses premiers travaux. *Paris*, 1884, in-8, br. — Cours d'histoire ancienne, discours d'ouverture, 1864, in-8, br.

924. Giraud (Ch.). Les Bronzes d'Osuna, 1874. — Remarques nouvelles, 1875. — Les nouveaux bronzes d'Osuna, 1877, 3 vol. gr. in-8, br. — Notice sur Sclopis de Salerano. Ens. 4 vol.

925. Grsepsii (Stan.). De multiplici siclo et talento hebraico,

item de mensuris hebraicis. *Antverpiæ*, 1568, pet. in-8, cart.

926. GUIGNIAUT. 6 Mémoires.

De Ερμοῦ seu Mercurii mythologici. — La Vénus de Paphos et son temple. — Sérapis et son origine. — Augustin Thierry. — Comte de Laborde.

927. HEUZEY (Léon). 10 Mémoires.

Panthéon des rochers de Philippes. — Vie future et culte de Bacchus. — Chaussure antique à inscription grecque. — Groupe de Praxitèle. — Cours de l'Erigon. — Palais grec en Macédoine, etc.

928. HEUZEY. Mission archéologique de Macédoine, par L. Heuzey et H. Daumet. *Paris*, 1864, in-4 en feuilles et planches.

Manque la feuille 42 du texte.

929. JOURDAIN (Ch.). 26 Mémoires.

Origine des traditions sur le christianisme de Boèce. — Sextus Empiricus et la philosophie scholastique. — Royauté française et droit populaire. — L'économie politique dans les écoles du moyen âge. — Education des femmes au moyen âge. — Collège oriental à Paris au xiii⁰ siècle. — Influence d'Aristote sur la découverte du Nouveau Monde. — Taxe des logements dans l'Université de Par.s. — Marine militaire sous Philippe le Bel. — Nicolas Oresme et les astrologues de la cour de Charles V.

930. LABARTE (J.). 3 Mémoires in-4, av. pl.

Sur l'abandon de la glyptique en Occident au moyen âge. — Rossel d'or d'Altœtting. — Quel nom l'or émaillé a-t il reçu des Grecs?

931. LABOULAYE (Ed.). 3 Mémoires.

Considérations sur la Constitution. — La révision de la Constitution. — Ch. Lenormant.

932. LAJARD (Félix). Mémoire sur deux bas-reliefs mithriaques qui ont été découverts en Transylvanie. *Paris*, 1840, in-4, cart., planches.

933. LAJARD (Félix). Introduction à l'étude du culte public et des mystères de Mythra en Orient et en Occident. *Paris*, 1847, 107 planches in-folio, en ff.

934. Recherches sur le culte, les symboles, les attributs et les monuments figurés de Vénus en Orient et en Occident, par F. Lajard. Texte, 31 feuilles in-4. Planches (moins la pl. XXVI). In-folio.

Taches de mouillures.

935. LASTEYRIE (R. et F. de). 8 Mémoires.

Documents inédits sur la construction du Pont-Neuf. — Phalère en or trouvée à Auvers. — Le connétable de Montmorency — La peinture sur verre au xix⁰ siècle. — Les peintres verriers étrangers à la France, etc.

936. LEBÈGUE. 4 Mémoires.

L'oracle de Délos. — Inscription de l'ara narbonensis. — Fastes de la Gaule narbonaise. — Temple primitif d'Apollon à Délos.

937. **Le Bas** et **Waddington**. Voyage archéologique en Grèce et en Asie Mineure, par Ph. Le Bas et Waddington. In-fol. en livraisons.

> 1re *partie*. Itinéraire. Texte ff. 1 à 5. 72 planches (manquent : pl. 1, 2, 13, 21, 22, 47, 56, 58, 63).
> 2e *partie*. Inscriptions grecques et latines, avec 15 planches (manquent : pl, 1, 9 à 11, 14, 15), en 3 volumes. Tome I. Explication ff. 1 à 4. Inscriptions, 200 pages. Tome II. Explication, ff. 1 à 28. Inscriptions, pp. 1 à 544. Tome III. Explications ff. 1 à 93. Inscriptions, 654 pages.
> 3e *partie*. Monuments d'antiquité figurée. 153 planches (sans texte). Il manque les pl. 6, 33, 101, 113 à 123, 125 à 143, 145 à 153.
> 4e *partie*. Architecture (sans texte). 75 planches (au lieu de 96).

938. Inscriptions grecques et latines recueillies en Grèce par la Commission de Morée et expliquées par Ph. Le Bas. *Paris*, 1836-37, cah. 1 et 2, in-8, br. — Monuments d'antiquité figurée, 2e cah. Ens. 3 vol.

939. **Le Blant**. 19 Mémoires.

> Tablai égyptiennes à inscriptions grecques. — Origine antique d'un conte arabe. — Larmes de la prière. — Parabole de la vigne. — Détachement de la patrie. — Lepeletier de Saint-Fargeau et son meurtrier. — Question du vase de sang. — Autel de l'église de Minerve. — Quelques actes des Martyrs. — Inscription trilingue de Tortose. — Actes de sainte Thècle. — Bourreaux du Christ, etc.

940. Lenormant. 30 Mémoires.

> Voyage en Egypte. — Les Antiques à l'exposition rétrospective des Champs-Elysées. — Les Bétyles. — Sol Elagabalus. — Légendes dans la numismatique ancienne. — Monnaie dans l'antiquité. — Inscription de Paros. — Alphabet grec du vase Chigi. — Deniers de Balscha III. — Estampilles et briques. — Pâtres valaques de Grèce. — Alphabet pehlevi. — Eponymes de l'empire hymyarite. — Age de pierre en Egypte, etc.

941. Letronne. 8 Mémoires.

> Noms des vases grecs. — Récompense promise à qui ramènera deux esclaves échappés d'Alexandrie. — Séparation des bassins de la mer Rouge et de la mer Morte. — Papyrus grec du Musée Royal, etc.

942. Letronne. Lettres d'un antiquaire à un artiste, sur l'emploi de la peinture historique murale dans la décoration des temples et des autres édifices chez les Grecs et les Romains. *Paris*, 1835, in-8, d.-r.

943. Letronne. Œuvres choisies, publ. par Fagnan. *Paris*, *Leroux*, 1881-85, 6 vol. in-8, fig. et pl., br.

944. Letronne. Recueil des inscriptions grecques et latines de l'Egypte. *Paris*, 1842-48, 2 vol. in-4, d.-r., avec atlas de 17 planches in-folio.

945. Longpérier (de). 5 Mémoires.

> Monnaies françaises du cabinet de M. Dassy. — Médailles impériales grecques. — Rapport au nom de la commission des antiquités de la France. — Not. sur sa vie, etc.

946. Longpérier (A. de). Notice des monuments exposés dans

la salle des antiquités américaines (Mexique et Pérou), au musée du Louvre. *Paris*, 1850, in-8, pap. vergé, br.

947. Longpérier (A. de). Notice des antiquités assyriennes, babyloniennes, perses, hébraïques, exposées dans les galeries du musée du Louvre. 3e édition. *Paris*, 1854, in-8, pap. vergé, br.

948. Musée Napoléon III, choix de monuments antiques. Texte explicatif par A. de Longpérier. 24 livraisons in-4.

949. Longpérier (A. de). Œuvres, publiées par G. Schlumberger. *Paris, Leroux*, 1883-84, 6 vol. in-8, fig. et pl., br.

950. Lucas (Ch.). 4 Mémoires.

. Palais d'Ulysse à Ithaque. — Eglises circulaires d'Angleterre. — Caius Mutins et les temples de l'Honneur et de la Vertu à Rome. — L'empereur-architecte Adrien.

951. Mantellier. 2 Mémoires.

Glossaire des documents de l'histoire de la communauté des marchands fréquentant la rivière de Loire. — Deux inscriptions tumulaires de Saint-Pierre-le-Puellier, à Orléans.

952. Martin (Th.-Henri). 24 Mémoires.

Hypothèses astronomiques des plus anciens philosophes de la Grèce. — Vie et œuvres d'Oppien. — Instruments d'optique faussement attribués aux anciens. — Prédictions d'éclipses dans l'antiquité. — Sur la date historique d'un renouvellement de la période sothiaque. — Newton défendu. — Astronomie grecque et romaine. — Opinion de Manéthon sur les trente dynasties. — Théories des anciens sur les attractions et les répulsions magnétiques. — XVe livre d'Euclide. — Transposition des aspirations en grec. — Période égyptienne du phénix. — Rapport des lunaisons avec le calendrier égyptien. — Hypothèse astronomique de Philolaus et de Pythagore. — Notions des anciens sur les marées. — Nombre nuptial de Platon, etc.

953. Mas Latrie (de). 6 Mémoires.

Testaments d'artistes vénitiens. — Privilège commercial accordé en 1320 à Venise. — Construction d'une carte de Chypre. — Guillaume de Machaut. — Chronique d'Ernoul.

954. Meyer (Paul). 4 Mémoires.

La manière de langage qui enseigne à parler et à écrire le français. — Edition des lettres de Marguerite de Valois par Guessard. — Etat actuel de la philologie des langues romanes. — Explication d'une pièce de Peire Vidal.

955. Mionnet. De la rareté et du prix des médailles romaines. *Paris*, 1815, in-8, br.

956. Mionnet. De la rareté et du prix des médailles romaines. Seconde édition. *Paris*, 1827, 2 vol. in-8, fig. d.-r.

957. Muralt (E. de). 6 Mémoires.

Mélanges d'antiquités, de paléographie et de littérature. — Codex diplomaticus capitaneorum Locarnensium. — Türkische Donau. — Lexidion der morgenlaendischen Kirche, etc.

958. Nicaise (Aug.). L'Époque gauloise dans le département de la Marne. *Paris*, 1884, in-8, planches. — La Sépulture de Champigny (Aube). *Châlons*, 1882, in-8, pl., br.

959. A Nicaise. Le Cimetière gallo-romain de la fosse Jean Fat. Urnes à visage, stèles funéraires. Album de 4 planches in-folio, en chromo.

960. Nicolai (F.). Ueber den Gebrauch der falschen Haare und Perrucken in alten und neuern Zeiten. *Berlin*, 1801, in-8, cart., 66 fig.

961. Nisard. 9 Mémoires.

> Langage populaire de Paris et de sa banlieue. — Parisianismes populaires. — Propriété littéraire au xvi° siècle. — Guillaume du Tillot. — Guy Patin, — Tronchin. — Brunetto Latini, etc.

962. Odobescu. Vasu de luttu cu numele lui Decebalu. *Bucuresci*, 1873, in-fol., br., planches.

963. Omont (Henri). 9 Mémoires.

> Inventaire sommaire des manuscrits du supplément grec de la Bibliothèque nationale. — Manuscrits grecs du British Museum. — Manuscrits grecs de la bibliothèque de Bruxelles. — Manuscrits grecs des bibliothèques des départements. — Alphabets grecs et hébreux, publiés à Paris au xvi° siècle. — Notes de paléographie grecque. — Georges Hermonyme. — Paul-Louis Courier et la tache d'encre du manuscrit de Longus, etc.

964. Ouvaroff (A.). Recherches sur les antiquités de la Russie méridionale et des côtes de la mer Noire. *Paris*, 1855-60, 2 livr. in-fol. de texte et 40 planches gr. in-fol.

965. Ouvaroff. Etudes de philologie et de critique. *Paris*, 1845, in-8, br.

966. Paris (Gaston). 9 Mémoires.

> La légende de Trajan. — Le Juif-Errant. — Le lai de l'épervier. Les contes orientaux dans la littérature française au moyen âge. — La chanson du pèlerinage de Charlemagne, — Mainet, fragment d'une chanson de geste du xii° siècle — Paulin Paris et la littérature française au moyen âge. — Leçon d'ouverture du cours de grammaire historique française.

967. Perrot (G.). 11 Mémoires.

> De Galatia, provincia romana. — Mémoire sur l'île de Thasos. — Inscriptions d'Asie Mineure et de Syrie. — L'art de l'Asie Mineure. — Inscriptions des côtes de la mer Noire. — Ghiaour. — Kulé-Si. — Bas-relief de Nymphi, etc.

968. Ponton d'Amécourt. 20 Mémoires.

> Recherches sur les monnaies mérovingiennes de Cenomannicum (290 pp.) — Monnaies mérovingiennes de Touraine, de Châlon-sur-Marne, du Gévaudan, de Saint-Denis, du Palais et de l'Ecole. — Numismatique mérovingienne. — Vies de saints traitées au point de vue de la géographie historique. — Panorama des mots, etc.

969. Quicherat (J. et L.). 8 Mémoires.

> Vie de Rodrigue de Villandrando, capitaine sous Charles VIII. — Nonius Marcellus. — Satire du poète Turnus. — Lucilii Saturarum reliquiæ. — Fragment d'un versificateur latin ancien sur les figures de rhétorique, etc.

970. Ravaisson. 5 Mémoires.

Le monument de Myrrhine. — La Vénus de Vienne. — Rapport au ministre d'Etat sur la Bibliothèque nationale. — Origines de l'Ecole française de Rome.

971. Rayet (O.). 4 Mémoires.

Tête archaïque en marbre provenant d'Athènes. — Thésée et le Minotaure, peintures d'un Skyphos. — Inscriptions de l'île de Kos. — Inscriptions du musée de l'Ecole évangélique, à Smyrne.

972. Reissenberger. L'Eglise du monastère épiscopal de Kurtea d'Argis en Valachie. *Vienne*, 1867, in-4, grav. et planches.

973. Renier (Léon). 5 Mémoires.

Les peintures du Palatin. — Inscription découverte à Orléans. — Inscription de Thagaste et de Madaure. — Inscription grecque relative à l'historien Flavius Arrianus. — Lettre à M. Rossignol.

974. Rey (G.). Voyage dans le Haouran et aux bords de la mer Morte en 1857-1858. *Paris*, in-folio, 26 pl.

975. Rey (E.-G.). 3 mémoires.

Domination française en Syrie pendant le moyen âge. — Domination des Latins en Orient. — Note sur les territoires possédés par les Francs à l'Est du lac de Tibériade.

976. Riant (Comte). 21 volumes et brochures.

Inventaire critique des lettres historiques des Croisades (768-1100). — Inventaire sommaire des manuscrits relatifs à l'histoire et à la géographie de l'Orient latin. — Alexii I Comneni ad Robertum Flandrensem epistola. — Chronique d'Arménie de Jean Dardel. — La donation de Hugues, marquis de Toscane au Saint Sépulcre. — Arrivée à Gênes des reliques de saint Jean-Baptiste. — Invention de la sépulture des Patriarches. — Un dernier triomphe d'Urbain II. — Le changement de direction de la quatrième croisade. — Des dépouilles religieuses enlevées à Constantinople au XIIIe siècle par les Latins. — Une charte provenant des archives de l'ordre teutonique. — Trois inscriptions relatives à des reliques rapportées de Constantinople, etc.

977. Robert (C.). 42 Mémoires.

Recherches sur les monnaies des évêques de Toul (10 pl.) — Epigraphie de la Moselle, 2 fasc. — Les légions du Rhin et les inscriptions des carrières. — Monnaie de Gorze. — Inscriptions antiques du musée de Bordeaux. — La monnaie à l'époque romaine. — Monnaies de Mâcon. — Monnaies messines. — Le boutoir romain. — Inscriptions de Lectoure. — Débris antiques de Kustendjé. — Noms gaulois. — Numismatique mérovingienne. — Souvenirs numismatiques du siège de Metz de 1552. — Mélanges d'archéologie, etc.

978. Robiou (F.). 6 Mémoires.

Apollon dans la doctrine des mystères. — Origine des Lectisternes. — Préludes du syncrétisme gréco-égyptien. — L'Avesta et son origine. — Flottes romaines. — Origines étrangères de la religion romaine.

979. Rochas (A. de). 7 Mémoires.

Utilité d'un glossaire topographique. — Campagne de 1692 en Dauphiné. — Traité des pneumatiques de Philon. — Pneumatiques de Héron, etc.

980. Raoul Rochette. 5 Mémoires.

Des tribunaux vert et rouge d'Athènes. — Sur une statue de héros attique. — Lettre à M. Carnot. — Lettre à M. P. Paris. — Acquisition des vases de Bernay.

981. Rozière (E. de). 8 Mémoires.

L'école de droit d'Alais. — Choix d'anciennes coutumes inédites. — Leçon d'ouverture du cours de législations comparées. — Mémoire sur l'histoire du droit des Lombards, etc.

982. Ruelle (Ch.-Em.). 5 Mémoires.

Mission littéraire en Espagne. — Eléments harmoniques d'Aristoxène. — Deux morceaux inédits de Georges Pachymère sur l'arc-en-ciel, etc.

983. Saulcy (F. de). 6 Mémoires.

Numismatique des rois nabathéens de Pétra. — Numismatique des chefs gaulois. — Histoire d'un livre. — La Syrie et la Palestine. — Inscription du tombeau de saint Jacques. — Deux inscriptions de Sayda.

984. Schlumberger (G.-L.). Des Bractéates d'Allemagne. Considérations générales et classifications des types principaux. *Paris*, 1873, in-8, br., pl.

985. Schlumberger (G.). Numismatique de l'Orient latin. *Paris, Leroux*, 1878, in-4, br., 19 planches.

986. Schlumberger (G.). Sigillographe de l'Empire byzantin. *Paris, Leroux*, 1884, in-4, avec onze cents dessins, br.

987. Schlumberger (G.). 14 Mémoires.

Monuments byzantins inédits. — Sigillographie des ducs d'Antioche. — Trois sceaux et deux monnaies des Croisades. — Bulles de hauts fonctionnaires byzantins. — Eloge de Saulcy. — Monnaies à légendes grecques. — Thèmes byzantins. — Deux chefs normands des armées byzantines, etc.

988. Schœbel (C.). 5 Mémoires.

Le Moïse historique et la rédaction mosaïque du Pentateuque. — Un manuscrit bas-allemand restitué. — Rituel du respect social dans l'état brahmanique. — Sur le verbe *être*, etc.

989. Sichel (J.). 9 Mémoires.

Hippocrate. De la vision. — Nouveau recueil de pierres sigillaires d'oculistes romains. — La déesse Angérone. — Cachets d'oculistes. — Les Divalia et les Angeronalia. — Poème inédit attribué au médecin Aglaias.

990. Sillig (J.). Catalogus artificum sive architecti, statuarii, sculptores, pictores, cælatores et scalptores Græcorum et Romanorum. *Dresdæ*, 1827, in-8, d.-r.

991. Spanhemii (Ez.). Dissertationes de præstantia et usu numismatum antiquorum. Ed. sec. *Amstelodami*, 1671, in-4, veau, fig.

992. Stiévenart. 6 Mémoires.

Hermias. — Une séance de l'Agora. — Récit de la mort d'Hippolyte dans Euripide, Ovide, Sénèque et Racine. — Passage d'Eschyle. — Sur la parabole de l'Enfant prodigue.

993. Thurot (Ch.). 5 Mémoires.

Recherches histor. sur le principe d'Archimède. — Négation *non*
en latin. — Sur le traité d'Aristote *De partibus animalium.* — Sur
les *Meteorologica* d'Aristote.

994. Tissot (C.). 3 Mémoires.

De Tritonide lacu theses. — Découverte de la Colonia Ucitana
major. — Inscription de Sidi Amor Djedidi.

995. Vallet de Viriville. 3 Mémoires.

Iconographie historique de la France. — Deux médailles de
plomb relatives à Jeanne d'Arc. — L'Ecole des Chartes, son passé,
son présent, son avenir.

**996. Venuti. Osservazioni sopra il fiume Clitunno, tra Spoleto
e Fuligno, del suo culto e antichiss. tempio, da Rid. Venuti
Cortonese. *Roma*, 1753, in-4, pl., br.**

997. Vincent (J.-H.). 27 Mémoires.

La Chirobaliste de Héron d'Alexandrie. — Le nombre de Platon.
— La tonalité ecclésiastique et la musique du xv⁰ siècle. — Numé-
ration chez les Romains. — Passage mathématique de Platon. —
Messe grecque de Saint-Denis. — Notations scientifiques à l'Ecole
d'Alexandrie. — Mémoire sur le calendrier des Lagides. — Passage du traité de la musique d'Aristide Quintilien relatif au
nombre nuptial de Platon. — Les Grecs et les Romains ont-ils
connu l'harmonie simultanée des sons? etc.

998. Vœmel (J.-Th.). 8 Mémoires.

Quo die secundum Thucydidem bellum Peloponnesiacum ince-
perit. — Drei Briefe Johannis. — Ueber den Gebrauch von μάλιστα
bei Zahlen. — Apostelgeschichte. — De modis conjonctivo et opta-
tivo verborum μι. — Quo tempore Peloponnesium finitum sit. —
Codicis Demosthen. conditio, etc.

**999. Vogüé (Le comte Melchior de). Le temple de Jérusalem,
monographie du Haram-Ech-Cheriff, suivie d'un essai sur
la topographie de la Ville Sainte. *Paris*, 1864, in-fol.,
37 pl., en carton.**

1000. Vogüé (de). 7 Mémoires.

Stèle de Yehawmelek. — Mém. sur une nouvelle inscription
phénicienne. — Monnaies inédites des Croisades. — Inscriptions
palmyréniennes inédites. — Forme du tombeau d'Eschmounazar.
Mᵐᵉ de Maintenon et le maréchal de Villars.

**1001. Waddington (W.-H.). Mélanges de numismatique et de
philologie. *Paris*, 1864-67, 2 vol. in-8, pl., br. — Les ères
employées en Syrie. Br. in-8. — Mémoire sur la chronologie de la vie du rhéteur Ælius Aristide. Br. in-4.**

1002. Wailly (N. de). 4 Mémoires.

Recueil de chartes en langue vulgaire. — Observations grammaticales sur des chartes d'Aire. — Récit du xɪɪᵉ siècle sur les trans-
lations des Saintes Reliques de la Passion. — Date et lieu de
naissance de saint Louis.

1003. Wallon. 9 Mémoires.

Mémoire sur les années de Jésus-Christ. — Notice sur M. Paulin
Paris. — L'émancipation et l'esclavage. — Henri de Valois et la
Pologne en 1572. — Not. sur M. Vincent, etc.

1004. Weil (H.). 14 Mémoires.

Parchemin grec de provenance égyptienne. — De l'ordre des mots dans les langues anciennes. — Épitaphe des Athéniens morts à Chéronée. — Règle des trois acteurs dans les tragédies de Sénèque. — Æschyli Persæ, Prometheus vinctus, Septem contra Thebas. — Composition symétrique du dialogue dans Eschyle. — De tragœdiarum græcarum cum rebus publicis conjunctione. — Discours sur les historiens anciens.

1005. Wescher (C.). 17 Mémoires.

Monument de Dexiléos. — Dialecte de l'île d'Andros. — Recherches épigraphiques en Grèce. — Inscriptions de Rhodes. — Fragments de l'historien grec Priscus. — Découvertes archéol. au Pirée. — Inscriptions grecques monumentales en Egypte. — Fragments de l'historien grec Aristodème. — Inscription archaïque gravée sur un rocher près de Delphes. — Fragments inédits de Polybe relatifs au siège de Syracuse. — Note relative à un prêtre d'Alexandre, etc.

1006. De Witte. Description des médailles et des antiquités du cabinet de l'abbé H. G. *Paris*, 1856. in-8, pl., br.

1007. De Witte (J.). Recherches sur les empereurs qui ont régné dans les Gaules au iiie siècle de l'ère chrétienne. *Paris*, .1868, in-4, cart., 49 pl. de médailles.

1008. De Witte (Baron J.). 44 Mémoires.

Dionysus et les Tyrrhéniens. —Satyre, bronze trouvé à Dodone. Mélampos et les Prætides. — L'impératrice Salonine. — L'enlèvement d'Hélène. — Le jugement de Pâris. — Description des anti quités de M. Beugnot. — Description de vases peints et de bronzes antiques. — Amphore de Nola représentant Pénelope. — Attributs d'Hercule. — Médailles d'Héraclée de Lucanie. — Le géant Ascus. — Médailles de Bonosus. — Mythe de Géryon. — Antiquités de M. Paravey. — Noms de fabricants et dessinateurs de vases peints. — Le géant de Milet. — Hercule et Géryon. — Apollon Sminthien. — Notices sur Cavedoni, Roulez, A. de Longpérier, etc.

1009. Recueil de 42 brochures in-8 et in-4.

Casati. Sépulture étrusque. — Paul Lacroix. Martin Double. — Wallon. La Terreur. — De Witte. Camée d'Octavie. — Dispute d'Athénée et de Posidon. — Longpérier. Un faux Dieu. — Huillard Bréholles. Rançou du duc de Bourbon Jean $\mathrm{I^{er}}$. — L. Delisle. Mém. sur les ouvrages de G. de Naugis. — H. Martin. Observations astronomiques de Callisthène, etc.

1010. Mémoires scientifiques, archéologiques et littéraires. 330 brochures et volumes.

1011. Etat des médailles contenues dans le médailler de S. A. Mgr le comte de Toulouse. 1763, manuscrit in-folio, papier.

1012. Séries numismatum antiquorum, ex Museo Illustr. et eruditi Domini de Pontcarré, Supremæ Rhotomagensis curiæ Principis. Manuscrit du xviie siècle, in-fol. de 460 pag., vélin.

1013. Numismata aurea antiqua quæ collegit et possidet Liber Baro de Schellersheim. 1800, in-12, veau.

1014. Mémoire sur un camée du cabinet des pierres gravées de

l'empereur de Russie, et sur quelques portraits antiques de Julia Augusta. *Saint-Pétersbourg*, 1810, in-8, pap. vélin, planches, br.

Rare.

1015. A catalogue of the greek coins in the British Museum. The Tauric Chersonese, Sarmatia, Dacia, etc., by R. S. Poole. *London*, 1877, in-8, perc., fig.

1016. Catalogue of the greek coins in the British Museum. The Seleucid Kings of Syria, by Percy Gardner. *London*, 1878, in-8, perc., 28 pl.

1017. Annuaire de la Société française de numismatique et d'archéologie. Première année, 1866. *Paris*, 1886, gr. in-8, planches, br.

1018. Revue numismatique, par de Witte et A. de Longpérier. Années 1865 et 1866, en 10 fascicules in-8, br., av. planches.

1019. Revue archéologique. 1871-85. Années 1872 à 1875 et 1882 complètes et 70 numéros divers.

HISTOIRE LITTÉRAIRE

1020. Schœll (F.). Histoire abrégée de la littérature romaine. *Paris*, 1815, 4 vol. in-8, veau rac.

1021. Aldo Manuzio. Lettres et documents, 1495-1515, Arm. Baschet collexit. *Venetiis*, 1867, in-8, br.

Non mis dans le commerce.

1022. Pierre de Paschal, historiographe du roi (1522-1565), par P. Bonnefon. *Paris*, 1883, in-8, br.

1023. Erasmi. Progymnasmata quædam primi adolescentiæ. *Antverpiæ*, 1542, in-8, br.

1024. Gasparis Sardi Ferrari epistolarum liber, varia recondita que historiarum cognitione refertus. *Florentiæ*, 1549, in-16, veau.

1025. Roberti Turneri Devonii, Angli, posthuma, orationes, tractatus, epistolæ. Accesserunt Edm. Campiani orationes. *Ingolstadii*, 1602, in-8, vél.

1026. Hercules tuam fidem, sive Munsterus hypobolimæus, id est : Satira Menippea de vita, origine et moribus Gasperis Scioppii Franci. Accessit Fabulæ Burdoniæ confutatio (Jos. Scaligeri). *Lugd. Batav.*, 1608, in-12, vél.

1027. Scaligeri (Jos.) epistola de parentibus Scaligeris-Tychonis Brahæi elegia de exilio suo, ex Bibl. Joach. Morsii. *Halæ Sax.*, 1613, in-4, br.

1028. Elegantiorum præstantium vivorum satyræ. *Lugd. Batav.*, 1655, 2 vol. in-18, vél.

1029. Dictionnaire néologique à l'usage des beaux esprits du siècle, avec l'éloge historique de Pantalon-Phœbus, par un avocat de province. *Amsterdam*, 1748, in-12, veau.

1030. Mémoire sur les manuscrits de M. du Cange. 1752, in-4, broché.

1031. Rollin (Ch.). Œuvres complètes. Nouv. édition. *Paris*, 1817-18, 18 vol. in-8, portr., veau rac.

1032. La Saussaye (L. de). Cinq chapitres d'une histoire littéraire de Lyon. *Lyon*, 1858-69, 5 broch. in-8.

1033. Hauréau (B.). Histoire littéraire du Maine. *Paris*, 1870-77, 10 vol. in-12, br.

1034. Souvenirs d'un curieux septuagénaire (Feuillet de Conches). — Souvenirs d'un curieux octogénaire. *Paris*, 1882, 2 vol. in-8, br.

HISTOIRE ET PUBLICATIONS DE CORPS SAVANTS

1035. Jourdain (C.). Histoire de l'Université de Paris au XVIe et au XVIIIe siècle. *Paris*, 1862, livr. 1 et 2, in-fol., br.

1036. Index chronologicus chartarum pertinentium ad historiam Universitatis Parisiensis ab origin. ad finem XVI saeculi, studio C. Jourdain. *Paris*, 1862, in-fol., br.

1036 *bis*. Le même, livr. 1 et 2.

1037. Vanderkindere. L'Université de Bruxelles, 1834-1884. *Bruxelles*, 1884, gr. in-8, br.

1038. Bulletins de l'Académie Royale de Belgique. 1882-84. Tomes III à VIII, 6 vol. in-8, br.

1039. Annuaire de l'Académie Royale de Belgique. 1883, 1884, 1885, 3 vol. in-12, br., portraits.

1040. Notices et extraits des manuscrits de la Bibliothèque. *Paris*, 1787-1884, 42 vol. in-4, et un vol. in-folio.

> Tomes I-XIII, d.-maroq. XIV à XXV en 2 parties, br. ou cart. XXVI, 2e partie. XXVII, 2e partie. XXVIII, 2e partie. XXIX, 2e partie. XXXI, 1re partie, cart. — Papyrus grecs, 52 pl. Supplément au tome XVIII, 2e partie, in-folio, br.

1041. Institut de France. Discours, Rapports, etc. 450 pièces, in-4, br.

1042. Journal des Savants. 1839 et 1840, in-4, cart., 1863 à 1880 en numéros (manque n° de mars 1870).

1042 *bis*. Journal des Savants. 100 numéros doubles dont 1875 à 1879 complets.

BIBLIOTHÈQUES — ARCHIVES — BIBLIOGRAPHIE

1043. Lomeier (J.). De bibliothecis liber singularis. *Zutphen*, 1669, in-12, vél.

1044. Catalogue des livres imprimés sur vélin de la Bibliothèque du Roi (par Van Praét). *Paris*, 1822-28, 6 vol. gr. in-8, br.
Manque le tome III.

1045. Delisle (Léopold). Le Cabinet des manuscrits de la Bibliothèque impériale. Etude sur la formation de ce dépôt, comprenant les éléments d'une histoire de la calligraphie, de la miniature, de la reliure et du commerce des livres à Paris avant l'invention de l'imprimerie. *Paris*, 1868-81, 4 vol. in-4, cart., dont un de planches.

1046. Bibliothèque nationale. 18 pièces in-8, br.
La Bibliothèque nationale en 1875 et 1876. — Note sur le catalogue général des manuscrits. — La Bibliothèque, son organisation, son catalogue, par un bibliophile, 1861. — De la nécessité de commencer, achever et publier le catalogue général des livres imprimés, par P. Paris, 1847. — Plaintes de la Bibliothèque au peuple français 1848. — Pétition au Sénat sur l'affaire Libri. — Deuxième lettre des conservateurs.

1047. Catalogue général des manuscrits des Bibliothèques publiques des départements. *Paris*, 1849-78, 6 vol. in-4, cart.

1047 *bis*. Tome II (Troyes), en double, in-4.

1048. Catalogue général des manuscrits des Bibliothèques publiques des départements. Tome Premier. *Paris*, 1849, in-4, br.
Séminaire d'Autun, Bibl. de Laon, Montpellier, Albi.

1049. Prost (A.) Notice sur la collection des manuscrits de la Bibliothèque de Metz. *Paris*, 1877, in-4, br.

1050. Delisle (Léopold). Notice sur les manuscrits disparus de la Bibliothèque de Tours, pendant la première moitié du XIXᵉ siècle. *Paris*, 1883, in-4, br.

1051. Catalogue de livres imprimés sur vélin qui se trouvent dans des bibliothèques, tant publiques que particulières (par Van Praet). *Paris*, 1824-28, 4 vol. in-8, br.

1052. Bibliothèques diverses. 10 broch.
Bibliothèque impériale de Saint-Pétersbourg, 3 broch., 1852, 1856, 1857. — Personnel de la Bibliothèque de Saint-Pétersbourg, 1858. — Règlement de la Bibl. de Nancy. — Progetto di riordinamento per le pubbliche librerie di Firenze, 1848. — Catalogue des mss. de Gand, 1ᵉʳ cahier. — Bibliotheca S. Martialis Lemovicensis, 1730. — Catalogus librorum qui prostant apud J.-B. Pasquali, Venetiis. 1754-1755.

1053. Derenbourg (H.). Les Manuscrits arabes de l'Escurial. Tome I. *Paris*, 1884, in-8, br.

1054. Trinchera (Fr.). Degli archivii napolitani. *Napoli*, 1872, in-8, d.-r.

1055. Archives nationales. Inventaires et documents. Inventaire sommaire et tableau méthodique des fonds conservés aux Archives nationales. 1re partie. Régime antérieur à 1789. *Paris*, 1871, in-4, br. — Table alphabétique, 1875, in-4, br. Ens. 2 vol.

1056. Catalogue illustré des livres précieux, manuscrits et imprimés, faisant partie de la bibliothèque de M. G. Firmin-Didot. 1879, 1881 (avec la table des prix), 1882, 3 vol. gr. in-8, br., héliogravures, chromolithog., etc.

1057. Catalogues de ventes et de librairies. Environ 300 volumes et brochures.

1057 *bis*. Catalogues d'autographes. Environ 150 brochures.

1058. Milsand (Ph.). Bibliographie bourguignonne, ou catalogue méthodique d'ouvrages relatifs à la Bourgogne. *Dijon*, 1885, in-8, à 2 col., br.

1059. Revue de bibliographie analytique. ou compte rendu des ouvrages scientifiques et de haute littérature publiés en France et à l'étranger, par MM. Miller et Aubenas. *Paris*, 1840-42, 5 tom. in-8, d.-mar.

GRAVURES ET PORTRAITS

1060. Jean-sans-Peur, duc de Bourgogne, portrait à la gouache, sur vélin.

1061. 6 portraits, gouaches sur fond noir, endommagés.

Empereur Maximilien; Charles le Hardi, duc de Bourgogne; Philippe le Beau; Charles V; Philippe II et Philippe III d'Espagne.

1062. Amplissimo hoc apparatu et pulchro ordine pompa funebris Bruxellis a palatio ad D. Gudulæ templum processit cum rex Hispaniarum Philippus Carolo V Rom. Imp. parenti mœstissimus justa solverit. 30 planches.

1063. Pompa funebris optimi, potentissimique principis Alberti Pii archiducis Austriæ, veris imaginibus expressa à Jacob. Francquart. *Bruxellæ*, 1623, 64 planches in-4, obl.

Exemplaire défectueux, taché et incomplet des planches 3 et 47.

1064. 6 portraits à la gouache.

> Antoine, roi de Navarre, Henri IV, Marie de Médicis, etc.

1065. Charles de Bourbon, connestable de France. — Madame de Bourbon. Portraits au crayon rehaussé de couleurs.

1036. Portraits au crayon et au pastel. Antoine, roy de Navarre. — La Royne de Navarre. — M. de Montpensier. — M\mo de Montpensier. — Le prince de la Roche-sur-Yon. Le duc et la duchesse de Montpensier. — Le duc d'Albe. — Portraits du temps, intéressants.

1067. Portraits de réformateurs, de savants, etc. 17 pièces.

> Luther, Calvin, Théod. de Bèze, Jérôme de Prague, Ortelius, Robert Etienne, Mabillon, etc.

1068. Portraits de grands personnages. 24 pièces.

> Charles-Emmanuel de Savoie, Guillaume d'Orange, Cosme III. Louis d'Anjou, Frédéric-Guillaume de Brandebourg, Fréderic II. La Quintinie, Papenheim, etc.

1069. Portraits de la Régence. 32 pièces.

> Philippe d'Orléans, duch. d'Orléans, Philippe de Bourbon, duc de Chartres, duch. de Chartres, duc de Berri, duc d'Anjou, duc de Bretagne, duch. de Bourgogne, Philippe V, Mgr le Dauphin, mademoiselle de Chartres, etc.

1070. Chevaliers de Malte et de Saint-Jean de Jérusalem. 13 planches représentant les devoirs de l'ordre et des portraits, et 107 petits portraits et 65 blasons de chevaliers.

1071. Gravures diverses. 16 pièces.

1072. Gravures et cartes diverses. 50 pièces.

MANUSCRITS

XVIIe ET XVIIIe SIÈCLES

1073. Gersonii opuscula. De potestate Ecclesiarum, de temperantia in exterioribus, de veris et falsis visionibus, de passionibus, de mistica theologia, de confessionis modo et scientia mentis, etc. Manuscrit papier. In-4, veau.

1074. La Femme Docteur, ou la théologie tombée en quenouille, comédie. — Harangues à Mgr de Vintinille. — Pièces sur les miracles du diacre Pâris, sur les jansénistes, etc. — Manuscrit, in-folio, vélin.

1075. Abrégé de la vie de Frère Pierre Séguin, premier hermite de Reclus, proche Nancy. Manuscrit daté de 1652, pet. in-4, cart.

1076. Remarques sur la vie de sœur Marie Alacoque, religieuse de la Visitation, composée par M. Languet, évêque de Soissons. 1744.

> Critique fort vive de cet ouvrage. Manuscrit très soigné. 3 vol. in-8, veau écaille, tr. dor.

1077. Théologie et métaphysique. 6 vol mss. xviie et xviiie siècles.

1078. Traité de l'infini créé par M. l'abbé Terrason (né à Lyon en 1670, mort en 1750). — Essay de métaphysique dans les principes de Bayle et de Spinosa; par le comte de Boulainvilliers. 2 mss. en 1 vol. in folio, veau.

1079. Analyse raisonnée des eaux gazeuzes d'Orezza en l'isle de Corse. Manuscrit du xviiie siècle, in-4, cart.

1080. Traité des maladies de la poitrine, par M. Astruc, docteur en médecine. Manuscrit daté de 1760, in-8, veau.

1081. Pensées et Proverbes expliqués, ou Dictionnaire des Proverbes et des expressions proverbiales. Manuscrit du xviie siècle, pet. in-4, veau.

1082. Recueil de recettes et de secrets, contenant différentes compositions utiles et éprouvées, et une note de différentes machines inventées, servant à différents usages, avec nombre d'avis divers. Manuscrit du xviie siècle, in-4, veau.

1083. Recueil de chansons. Manuscrit daté de 1694. In-4, veau.

> Dialogue entre un pénitent et son confesseur. —Joconde. — Chansons politiques. — Chansons badines et libres.

1084. Mélanges satiriques, historiques et littéraires. Manuscrit de la fin du xviie siècle. In-4, veau.

> Fragment d'une comédie intitulée : Colbert enragé. — Fragment d'un poème intitulé : Boileau ou la clémence de Colbert. — La Bastonnade, satire contre Boileau. — Edit d'amour. — L'hermite. Poèmes badins. — Bouts rimés. — Relations d'un voyage en Espagne. — Très humble et très importante remonstrance au Roy sur la remise des places maritimes de Flandre entre les mains des Anglais, 1647, etc.

1085. Recueil de pièces du temps, en français et en provençal. Manuscrit de 1704. 250 pages environ, in-8, veau.

> Pièces satiriques. —Sonnets à propos de la maladie de Louis XV, contre les miracles, etc.

1086. Scaligeriana, seu animadversiones utriusque Scaligeri, continentes multa exempla historica, etc. Manuscrit du xviiie siècle, contenant des notices biographiques, historiques, etc., classées par ordre alphabétique. In-fol., veau.

1087. Recueil de pièces. Manuscrit du commencement, du xviii^o siècle, in-4, veau.

Géronée, ou le Vieillard rajeuni, comédie en 3 actes. — Les Incommodités de la grandeur, comédie en 5 actes, par le P. Du Cerceau. — Sonnets, Epigrammes, Madrigaux. — Satire contre les gens d'affaires, 1707. — Fables, Contes, Epitaphes. — Estrennes de Dancourt à La Bauval, 1703. — Epistre de La Mangin au comte d'Albert, son amant. — La Fagonade. — L'Ode des 40 jours. — Mémoire pour M. de Messiues, ambassadeur de Malthe, contre Mlle Prévot, danseuse de l'Opéra. — Requête des harangères de Paris au Régent. — Enigmes, etc.

1088. Mélanges littéraires du xviii° siècle. 22 pièces.

Lettre à M. Palissot sur sa comédie des Méprises. — Les querelles des auteurs sur le commencement du siècle prochain. — Avis important d'un clerc de huit jours à l'auteur du poème de la Bazoche. — Lettre sur la Zulime de M. de Voltaire. — Eloge de M. le cardinal de Poliguac. — Ovidianum de M. Claude Robin, curé de Saint-Pierre d'Augers. — Plan des travaux littéraires, ordonnés par Sa Majesté, etc.

1089. Manuscrits du xviii° siècle sur différents sujets littéraires, philosophiques et religieux. 8 vol. et br.

1090. Œuvres inédites de Bonnet de la Verdière (en prose et en vers), 1783, 3 vol. in-8, br.

Les tableaux de Philothémis. — Les Bucoliques, pièces fugitives. — Le Pentateuque, poème énigmatique. — Mes Vœux. — Psyché. — L'hôtel du Roule, etc.

1091. Mélange de bons mots, d'anecdotes, de maximes. Travaux divers, d'histoire, d'exégèse, etc., par des religieux de l'ordre de Cîteaux. Manuscrit du xviii° siècle en 78 volumes in-8, veau.

1092. Recueil de différentes pièces en vers et en prose, avec un Abrégé de l'histoire en général. Manuscrit du xviii° siècle avec portraits. In-4, veau.

L'abbé de Rancé, de la Trappe, à un ami. — Lettre de Gabrielle d'Estrées à Henri IV. — Lettre de Barnevelt, et autres lettres supposées. — Idylles. — Les Voix de la Nature, poème. — Abrégé historique et chronologique.

1093. Bernard Clément (de Dijon). — Principes de goût. — Le Contemplateur, variétés critiques et morales. — Mélanges littéraires. — Manuscrit du xviii° siècle. In-4, d.-r.

1094. Recueil de pièces pour servir à l'histoire du temps. Beau manuscrit de 554 pages in-folio, veau.

Pièces satiriques du temps de Louis XV et de la Régence.

1095. Recueil de pièces manuscrites. In-12, veau.

Les soirées du Palais-Royal. — Lettres sur la réfutation du livre de l'esprit par J.-J. Rousseau. — Le fou raisonnable. — L'antimoine. — Pièces sur M. Necker.

1096. L'Iliade d'Homère, traduite en vers français. Manuscrit du xviii° siècle. In-fol., veau.

1097. Table des auteurs, par ordre alphabétique, pour une nouvelle édition du Dictionnaire historique de l'abbé Ladvocat projetée par l'abbé de Fontenai, avec les additions et corrections du libraire Le Clerc. Mss. autographe de l'abbé de Fontenay. 436 pp. in-4.

1098. Rome au siècle d'Auguste, ou observations sur les mœurs, les institutions, les usages et les coutumes des Romains, pendant le VIIIe siècle de la fondation de leur ville. Manuscrit original de Dezobry. En 4 vol. in-4, cart.

MANUSCRITS ESPAGNOLS ET ITALIENS.

1099. Le Rime di messer Nicolo Franco contra Pietro Aretino copie de B. de La Monnoie. Papier, XVIe siècle. In-12, veau.

1100. Papeles varios. Relacion de la famosa istoria de D. Juan de Alvarado Bracamonte y Saravia en las costas de Africa. 1er mars 1666. Imprimé à Séville en 1666. — Plusieurs pièces imprimées sur la question de la monnaie. — Relations imprimées du mariage de Charles II d'Espagne et de Marie Louise de Bourbon (1679-1680). Papier, XVIIe siècle. In 4, vélin.

1101. Cartas de difuntos, escritas à los vivos, las quales se allaron en el tumulo del convento real de la Encarnazion, el dia de los finados de este año 1668. Papier, XVIIe siècle. In-4, vélin.

1102. Papeles varios. — Poésies satiriques et pièces historiques relatives à l'expédition d'Alger de 1775. Papier, XVIIIe siècle. In-4, bas.

1103. Recueil de pièces dramatiques. — El Hablador, comedia en 3 actos. — Tragicomedia famosa. El primera Benavides. — Tragedia nueva. El segundo Atila en Africa y premio de una traicion compuesta por D. Apasionado de la Justicia. — Junta anual y general de la Sociedad antiespañola en el dia de Inocentes de 1776, y fin de fiesta en el quarto del marques de Grimaldi; etc. Papier, XVIIIe siècle. In-4, vélin.

1104. Discurso apologético de la Inquisicion, en satisfacion à la carta que contra este tribunal escribio el ciudadano frances Gregoire.... por un anti-revolucionario español. Papier, XVIIIe siècle. Petit in-4, bas.

1105. Cartas del duende de Berlanga y su corresponsal matritense. Papier, XVIIIe siècle. In-4, bas.

1106. Traduction, mot à mot, en castillan, des Odes d'Horace. 1748, XVIIIe siècle. In-12, vél.

1107. Stato generale del governo del regno di Napoli, con alcune riflessioni intorno agli abusi in esso introdotti ed al modo più facile di ripararli. Anno 1734. Papier, manuscrit italien du XVIIIe siècle. In-folio, maroq. rouge.

1108. Papeles varios. — Juicio de la nacion española por provincias (décimes burlesques). — Testamento de la infeliz España. — El Jesuita instruido. — La Academia de las Musas por D. Diego Marcos Abreu de Valencia. — Carta de D. Eugenio Gerardo Lobo al M^{ro} Sanchez, de la òrden de la S^{ma} Trinidad. — Suspiro que dió arrepentido Fr. Juan de Sⁿ Estevan preso por la Sta Inquisicion el año de 1735 en Granada; etc. Papier, xviiiᵉ siècle, in-4, br.

1109. Papeles curiosos recogidos por D. Francisco de Lago. Tomo I. Año 1757. — Ce volume contient : 1° Visita de la esperanza y el tiempo; 2° Copia de un papel que se halló a la reyna D. Maria Luisa de Borbon; 3° Quien ni tence ni espera; 4° Carta del Sr D. Juan de Austria; 5° Conducta de la princesa de los Ursinos. Papier, xviiiᵉ siècle. In-8, vél.

1110. Poésies religieuses et profanes de José Perez de Montoro, regidor de Cadix. Papier, xviiiᵉ siècle. In-4, vélin.

1111. Fiel y brebe noticia de los quatro juicios privilegiados de Aragon, que son : firma, aprehension, ymbentario y manifestacion, por D. Francisco Carrasco. 1773. Ms. Papier, xviiiᵉ siècle. In-4, vélin.

1112. Le Satire tutte e sonetti del Sr Cav. Dotti, con alcune altre composizioni contra e in defesa del medesimo e le risposte dello stesso cav. Dotti. Papier, xviiiᵉ siècle, Petit in-4, vélin.

1113. Tratado de tactica de los regimientos de infanteria. Año 1798. Papier, xviiiᵉ siècle. In-4, bas.

1114. Papeles varios. Vida y muerte de D. Carlos por el abad de Sⁿ Real. — Caida del conde duque de Olivares por D. Eugenia Carreto, marques de Grana, embaxador de Alemamania. — Parecer de M. Fr. Melchor Cano. — Fragmentos históricos de la vida de D. Gaspar Felipe Guzman, conde duque de Olivares, por D. Juan Antonio de Vera, conde de la Roca. — Resumen de la vida del cardenal Julio Alberoni. — Memorial del proceso de Antonio Perez. — Nacimiento, vida, prision y muerte de Dⁿ Rodrigo Calderon. — Memorial del duque de Arcos sobre la egualdad de los duques y pares de Francia con los grandes de España. Papier xviiiᵉ siècle. In-4, veau.

1115. Felicidad politica de los grandes monarquias, especialmente de la Hespañola, por Vicente Vizcaino Brasa. Madrid, 1829. Papier, in-12, bas. rouge, tr. dor.

1116. Libro segundo de la Cronica de la ciudad de Valencia, por Martin Viciana. Copie moderne de l'édition de 1544. Papier, xixᵉ siècle. In-fol., cart.

MANUSCRITS HISTORIQUES.

1117. Mémoire historique sur l'imposition de la taille. 1ʳᵉ partie. In-fol. de 87 pages.

1118. Recueil de pièces en prose et en vers. Manuscrit de la fin du xviiᵉ siècle. Pièces historiques, dont un certain nombre relatives à la Révolution d'Angleterre, etc. In-folio, veau.

1119. Réplique en forme de lettre à l'autheur du Bouclier d'Estat et de Justice, etc., imprimé l'an 1667 (à propos de la guerre avec l'Espagne). Manuscrit de 1668, in-4, veau.

> Ce manuscrit, signé P. H. D. C., est de l'auteur du livre intitulé : Traité de la politique de France, par M. P.-H. Marquis de C. Il contient une apologie de la conduite du gouvernement français dans la question de la guerre avec l'Espagne et de l'envahissement des Pays-Bas.

1120. Motifs politiques de la France pour la guerre d'Allemagne (guerre de Trente ans) où il est déclaré quelle y a esté sa conduite. Manuscrit du xviiᵉ siècle. In-4, veau. (Mouillures.)

> Dans le même volume : Lettre de M. de Marigny à Mgr le duc d'Orléans. — Plainctes de la captive Caliston à l'invincible Aristarque ; et autres pièces du temps politiques et satiriques. — Remonstrance au Roy sur la remise des places maritimes de Flandre envers les mains des Anglais. — Raisons très puissantes pour faire véoir l'obligation qu'a la France d'appuyer l'interrest de Portugal dans le traicté de paix.

1121. Hollande. Traictez faictz par les Roys de France avec les Hollandois. 1596 à 1637. In-folio, papier, veau.

1122. PAPIERS PICQUES. Affaires de Suède. Correspondance originale de M. de Brienne, du cardinal Mazarin, de Le Tellier, et de M. Brasset, avec M. Picques, résident de France à Stockholm (1651-1653). *Collection fort importantes de documents historiques*, formant 436 feuillets in-4, reliés en un volume. Chaque pièce porte la signature autographe du ministre ou du secrétaire d'Etat. Un certain nombre de ces documents sont en chiffres. On y a ajouté la traduction.

1123. Recueil de lettres (1714-1715) écrites de Gênes par M. Coutlet, pleines de renseignements politiques et autres.

1124. Gazettes à la main, rédigées de 1731 à 1778, pièces manuscrites, reliées ou brochées, en 18 volumes in-4.

> Ces gazettes correspondent aux années 1731, 1734, 1737 (avril à septembre), 1738 (avril à juin), 1739 (octobre à décembre), 1741 (janvier à juin), 1742 (juillet à septembre), 1743 (janvier à mars, juin à décembre), 1767 à 1774, 1777, 1778. — Une série est adressée à M. Raudot, intendant de la marine, à Versailles, une autre à M. le comte Ossolinski, colonel au service de France.

1125. Suite de la correspondance de M. de Maupeou et de M. de Sorhouet. Lettres XXV à XXXI, suivies de trois entretiens entre M. de Sorhouet et M. de Machault. In-4, vélin.

1126. Hommes illustres de la Lorraine et du Barrois. Petite biographie manuscrite, par ordre alphabétique. (Ecrit vers 1750.)

TABLE DU CATALOGUE

PETITE BIBLIOTHÈQUE D'ART
ET D'ARCHÉOLOGIE
PUBLIÉE SOUS LA DIRECTION DE M. L. DE RONCHAUD
Directeur des Musées nationaux.

I. *Au Parthénon*, par L. de Ronchaud. In-8 . . . . **2 fr. 50**

II. *La Colonne Trajane* au Musée de Saint-Germain, par S. Reinach. In-18, illustré. . . . . **1 fr. 25**

III. *La Bibliothèque du Vatican* au XVIᵉ siècle, par Eug. Müntz. In-18. **2 fr. 50**

IV. *Conseils aux voyageurs archéologues* en Grèce et dans l'Orient hellénique, par S. Reinach. In-18 . . . . **2 fr. 50**

V. *Études iconographiques sur le moyen âge*, par Eug. Müntz In-18 . . . . **2 fr. 50**

VI. *L'Art religieux au Caucase*, par J. Mourier. In-18 . . . **2 fr. 50**

BIBLIOTHÈQUE ARCHÉOLOGIQUE
Collection de volumes in-8 raisin, illustrés de Planches, Dessins et Cartes.

ŒUVRES DE M. A. DE LONGPÉRIER, de l'Institut, réunies et mises en ordre par G. Schlumberger, de l'Institut. 7 volumes in-8. . . . . **125 fr.**

ŒUVRES CHOISIES DE A.-J. LETRONNE, de l'Institut, assemblées et mises en ordre par E. Fagnan. 6 vol. in-8 . . . . **75 fr.**

ÉTUDES D'ARCHÉOLOGIE ET DE MYTHOLOGIE GAULOISES, Deux stèles de Laraire, par Ed. Flouest. In-8. . . . . . . **6 fr.**

ÉTUDES DE MYTHOLOGIE GAULOISE, par Henri Gaidoz. I. Le Dieu gaulois du soleil et le Symbole de la roue. In-8. **4 fr.**

LES MONUMENTS ANTIQUES DE ROME, à l'époque de la Renaissance, par Eug. Müntz. In-8, tiré à petit nombre. . . . . **10 fr.**

SOUVENIRS DE DEUX MISSIONS AU CAUCASE, par G. Bapst. In-8. . . . . **5 fr.**

EN COURS DE PUBLICATION :

ARCHÉOLOGIE NATIONALE
PAR M. ALEX. BERTRAND
Membre de l'Institut.

I. ARCHÉOLOGIE CELTIQUE ET GAULOISE In-8, illustré. . . . . **10 fr.**

II. ARCHÉOLOGIE CELTIQUE, GAULOISE ET FRANQUE. In-8, illustré . . . . **10 fr.**

III. LES CELTES D'APRÈS LES TEXTES ET LES MONUMENTS . . . . **10 fr.**

IV. LA RELIGION GAULOISE . . . . **10 fr.**

ANGERS, IMP. BURDIN ET Cⁱᵉ, RUE GARNIER, 4.

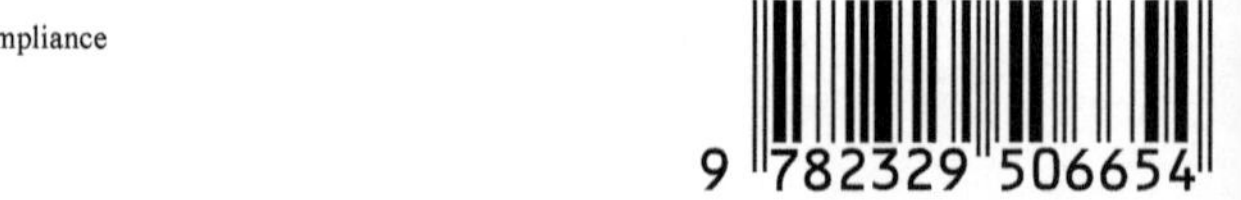